が変わります」宣言

「変わる」ための24のアプローチ

新書版発刊に寄せて

自分自身の可能性を最大限に開いて生きたい――。それは、どんな境遇《きょうぐう》にあっても、どのような条件を抱《いだ》いていても、私たちが変わることなく願っていることではないでしょうか。そして誰《だれ》もがそう願うにふさわしい豊かな可能性を秘《ひ》めていると私は思っています。

しかし、実際にそのように生きることは、容易《ようい》なことではありません。

なぜなら、私たちは、自分が生まれ育ちの中でつくってきた一つの生き方に束縛《そくばく》され、自らも自己限定を起こして、その可能性を十分に引き出せないまま、多くの時を送ってしまうからです。ある人は、「他人《ひと》は信じられないもの」とつぶやき続け、またある人は「どうせ自分なんか」と自己否定を繰《く》り返す……。

本書が示す「私が変わります」宣言とは、まさにそのような束縛と限定を打ち破《やぶ》る新しい生き方です。私たち自身に内在《ないざい》する、今まで一度も現したことのない生きる力を引き出すものです。この世界に生きる以上、私たちは、必ず様々な壁《かべ》や問題に直面します。それまでの自分では、乗り越えることのできない現実が壁となり、それまでのやり方では解決できない現実が問題となります。ならば、その事態の中心にいる私たち自身がまず変わって、自らの中に眠る可能性を引き出すのが、本書が伝えようとする「私が変わります」という生き方です。それは、まず私たちが自分自身の今を知ることから始まり、その自分がどこへどのように変わることができるのかを知って辿《たど》ってゆく歩みです。

一人ではどうすることもできないような試練に直面している方でも、その重すぎる現実を引き受けて、魔法《まほう》のテコのように、持ち上げて転換してしまう――。その転回点こそが、「私が変わります」という宣言なのです。

二〇〇二年の発刊後、本書は、多くの方々から共感をいただいてきましたが、この度、新書版として、新たな歩みを始めることになりました。

この新書版を手にされた読者の皆様が、ご自身の秘められた可能性を確信され、具体的に新たな生き方へ一歩でも踏《ふ》み出してくださるならば、それ以上の歓《よろこ》びはありません。

二〇一〇年三月

高橋佳子

はじめに

呼びかけを聴《き》くべき時

一人ひとりの人生にも、また時代社会にも、岐路《きろ》となる地点、節目《ふしめ》をつくる時がありま す。その時をどう生きるかでその後の人生や現実が決定的に違ってしまう。その後の歴史が一つの新しい時代を形成してゆく——。そうした特別な時があることに強い実感を持つのは私だけではないでしょう。そして「今」がまさに「その時」であることを多くの人が感じているのではないでしょうか。

二〇〇一年九月十一日、アメリカに起こった同時多発テロという出来事は、私たちに忘れることのできない衝撃《しょうげき》を与《あた》えました。現代を象徴《しょうちょう》する巨大な建築物が瞬時《しゅんじ》に崩《くず》れ去っただけではありません。私たちの内部でも何かが崩れ去ったのです。

世界を巻《ま》き込む出口の見えない戦争状態へ突《つ》き進もうとしていたとき、さらに炭疽菌《たんそきん》の「バイオテロ」が人々を襲《おそ》いました。「世界の様相《ようそう》が一変しつつある。一体どうすべきなのか――」。今、誰《だれ》もがそんな問いかけを心の中で発《はっ》しているのではないでしょうか。

一方、そうした矢先、わが国では大丈夫《だいじょうぶ》とされていたはずの狂牛病《きょうぎゅうびょう》の問題が発覚《はっかく》しました。感染者《かんせんしゃ》の数すら分からない、一切《いっさい》が不透明な状況の中で、生きるために不可欠《ふかけつ》な食物の安全性が信じられないという容易《ようい》ならぬ状況が生まれています。

私たちの日常生活は底知れない不安に脅《おびや》かされているということです。現実の次元のみならず、精神の次元にとっても、大きな痛手となっているのです。そして、そういう時だからこそ、私たちは、確かに届《とど》いている呼びかけに深く耳を傾《かたむ》けなければならないと思います。

「人間よ、変われ」という声がする

異なる大事件が同時に起こったというだけではないと思うのです。テロと狂牛病《きょうぎゅうびょう》――。直接的な関係はないように見えるこの二つの問題が、よく考えてみるならば無関係とは言えないからです。何よりもそのいずれもが人間自身から生み出されたものであり、紛《まぎ》れもなく「天災《てんさい》」ではなく「人災《じんさい》」として生じてきたということです。

人間だけが抱《いだ》き得《う》る際限のない憎《にく》しみによって生まれるテロリズム。しかし、人災であるのはその意味においてばかりではありません。

今回のテロの背景には、かつての西欧《せいおう》による植民地政策《しょくみんちせいさく》以来生じてきた政治的、経済的、軍事的な歪《ひず》みがあります。しかも今日《こんにち》、この中東《ちゅうとう》地域の秩序《ちつじょ》回復を支援しているはずのアメリカの関わりが、西欧に代わる新たな支配と受け取られる側面を孕《はら》んでいるために、問題を一層複雑にしているのです。

また、狂牛病の問題も、人為的《じんいてき》につくり出されたものです。本来草食《そうしょく》である牛たちに、効率のために牛自身の肉骨粉《にくこっぷん》を共食いのように与《あた》え飼育《しいく》してきた結果、近年になって急速に広がった病だからです。人への感染《かんせん》が認められた一九九六年以前、一九八八年にイギリスがその病原体を媒介《ばいかい》する肉骨粉の使用を禁止すると、その肉骨粉は、何と今度はEU諸国に向けて大量に輸出されたために感染が広がり、それはさらに世界全体へと波及《はきゅう》していったのです。私たち人間が知恵を尽《つ》くして考え、利益のために行動してきた積み重ねが、結局こうした困難をつくり出したということではないでしょうか。そして、人間がこれまでの生き方を続ける以上、こうした悲劇と問題が生じることを私たちは押しとどめることはできないということなのです。

つまり、そこには切実に「人間よ、変われ」という呼びかけが響《ひび》いているのではないでしょうか。

一人ひとりが呼びかけに応《こた》えるために

昨日のように明日も平穏《へいおん》にあり続けると思っていた私たちの日常生活。しかし、そこに思いもかけない裂《さ》け目が生じ、世界が抱《いだ》いている底知れぬ淵《ふち》が顕《あら》わになりました。

けれども、淵と言うならばそればかりではありません。不況による相次ぐ企業の倒産、リストラ、失業、働き盛《ざか》りの世代を中心とする年間三万人を超える自殺者。また、連続する理由の分からない残忍《ざんにん》な殺人や殺傷《さっしょう》事件など、何か人間そのものが壊《こわ》れてゆくような現実が続いています。さらに、家庭内離婚、幼児虐待《ぎゃくたい》、子どもの暴力や引きこもりなど、家族の絆《きずな》の断絶《だんぜつ》はとどまるところを知りません。小中学校では、不登校の子どもたちが十三万人を超え、いじめや校内暴力、非行など、かつてない荒廃《こうはい》にさらされています。

自分自身がこれらの問題とまったく無関係であると言い切れる人はいないでしょう。つまりそれだけ、世界に対する信頼を損《そこ》なわせ、未来に対する希望を蝕《むしば》む現実が私たちへの大きな呼びかけとして押し寄せてきているということです。

本当に、一体どうすべきなのか。何をどうすることができるのか――。それに応えるのは、他の誰《だれ》でもない、私たち一人ひとりのはずです。大切なことは、これらの新しい時代の呼びかけに誰もが応え得る力を抱いているということです。

本書は、この呼びかけに、私たち一人ひとりが応えるための手がかりにほかなりません。輝《かがや》ける未来に向かって、私たちのかけがえのない一歩がここから始まりますように——。

高橋佳子

二〇〇一年十二月

目次

1　二十一世紀の生き方「私が変わります」宣言

新しい生き方「私が変わります」の提案

長らく来《き》たるべき未来の象徴《しょうちょう》であった二十一世紀。二十一世紀になれば、多くの夢《ゆめ》が叶《かな》い願いが成就《じょうじゅ》すると思われてきた時代……。その夢の時代に、すでに私たちは突入しています。

だからこそ、私たちは今、新しい現実を生み出す必要に迫《せま》られています。私たち一人ひとりが、人生の創造《そうぞう》を本当に果《は》たせるように新しい生き方を求める必要があります。二十一世紀という時代にふさわしい生き方、この時代に託《たく》された生き方の青写真が必ずあるのではないでしょうか。

それを私は、「私が変わります」という言葉と姿勢によって表したいと思うのです。「私が変わります。その私が世界と新しい関係を結びます」。――今、直面する現実の一《いっ》切《さい》を私は受けとめよう。目にするもの、関わる事態、そのすべてと私は不可分《ふかぶん》につながっている。そこに痛みがあるなら、他人《ひと》のせいにすることなく自らに引き寄せよう。そこに希望があるなら、全力を尽《つ》くしてその開花《かいか》に努めよう。そして新しい現実を創《つく》るために、私は自らが変わり、世界と新しい関係を結ぶことで、その呼びかけに応《こた》えてゆこう――。

私たちがこれまで歩んできた一切の過去と、今向かい合っている一切の現在の上に、そして、これから現れる一切の未来のために、この言葉と姿勢を捧《ささ》げたいと思います。時代の大きな呼びかけとして、新しい人間の生き方として、「私が変わります」宣言を読者の皆さまに提案したいと思うのです。

未来を創《つく》った宣言

「すべての人間は生まれながらにして平等であり、創造主《そうぞうしゅ》によって一定の奪《うば》いがたい権利を与えられ、その中には生命、自由及び幸福の追求が含《ふく》まれていることを、われわれは自明《じめい》の真理であると信じる」

これはイギリス領《りょう》の北アメリカ植民地が、一七七六年に発表した「独立宣言《どくりつ》」の一節です。強い信念に貫《つらぬ》かれた、この「独立宣言」は、まったく新しい、不連続な現実を導《みちび》くものでした。そして、民族自決《みんぞくじけつ》の権利を謳《うた》い上げた世界で最初の政治的宣言として、そして

人権宣言(1789年)

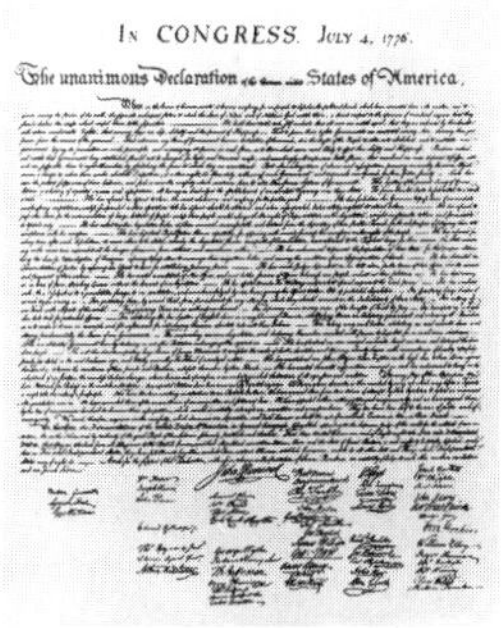

独立宣言(1776年)

歴史を創った宣言には、新たな時代と
現実を切り開こうとする変革の精神が溢れている。

何よりも世界の民主主義国家の道標《みちしるべ》として今なお輝《かがや》きを放《はな》っています。

人類は、その歴史において、このような鮮《あざ》やかな宣言を幾《いく》つも残してきました。例えば一七八九年、フランス革命に際して発表された「人権宣言《じんけんせんげん》」は、すべての人間に対する自由と平等を訴《うった》えるものでした。封建制《ほうけんせい》によって著《いちじる》しく制限を受けていた個人の尊厳《そんげん》を保障し、人間の基本的人権という近代社会の基礎を記《しる》した宣言だったのです。

また、アメリカ合衆国には、一八六三年の「奴隷解放宣言《どれいかいほうせんげん》」があります。南北戦争という事情がその背景にあったとは言え、リンカーンが発《はっ》したこの宣言は、世界に大きな影響を与えました。それまで人種によって差別されていた基本的人権を、さらに広く普遍的《ふへんてき》なものに決定づけたのです。

そして一八四八年にマルクスとエンゲルスによって発表された「共産党宣言《きょうさんとうせんげん》」は、人類の歴史を労働者階級《かいきゅう》と資本家階級の階級闘争《とうそう》の歴史として捉《とら》える新しい歴史観に基《もと》づき、そこから労働者階級の闘争と革命だけが生産力の解放を促《うなが》すとして新しい社会形態《けいたい》の可能性を開きました。内容はその後多くの見直しを迫《せま》られることになりましたが、当時の急激な産業の近代化による、社会矛盾《むじゅん》の増大に歯止《はど》めをかけようとした点で、今日の社会でもこの宣言の影響を否定することはできないでしょう。

第二次世界大戦後に発効《はっこう》された「国際連合憲章《こくさいれんごうけんしょう》」もまた、新しい世界の枠組《わくぐ》みをつくろうとする宣言でした。それは、国際平和と安全の維持《いじ》のために、すべての平和愛好国《あいこうこく》の主《しゅ》権《けん》平等の原則に基づいて世界的国際機構《きこう》の設立を謳《うた》うもので、様々な経済的、社会的、文化的、人道的、国際協力を促進《そくしん》させました。

わが国の歴史においても同様の宣言がありました。例えば聖徳太子《しょうとくたいし》の「憲法十七条《けんぽうじゅうしちじょう》」一つをとっても、そこには新しい精神が脈《みゃく》打っていることが分かります。親子兄弟までが凄《せい》惨《さん》な争いを続けていたような時代に、太子は仏教を基《もとい》とした新しい国づくりを願い、「和《わ》を以《もっ》て貴《とうと》しと為《な》す」で始まる「憲法十七条」を発布《はっぷ》したのです。

これらの宣言では、いずれにも、旧来の価値観や世界観、古い社会制度や組織機構に別れを告《つ》げ、新しい現実に向かおうとする決意が表明されています。これまでのあり方にとどまるのではなく、まず自らが新しい価値観、新しい行動、新しい世界観、新しい制度に踏《ふ》み入ってゆくことを宣誓《せんせい》しているのです。

つまり、「私が変わります」の精神に貫《つらぬ》かれているということです。歴史のエポックとなった宣言の土台には、新たな時代と新たな現実を切り開こうとする変革の精神が溢《あふ》れているのです。

「私が変わります」宣言の志《こころざし》

「私が変わります」という宣言は、これらの歴史上のいかなる宣言に勝《まさ》るとも劣《おと》らない気概《きがい》と決意を湛《たた》えるものです。それぞれの人生において、社会的なはたらきにおいて、エポックとなる結節点《けっせつてん》を生み出すだけの密度《みつど》と圧力をもたらそうとするものだからです。そもそも「宣言」と名づけるからには、それまでの現実からの不連続な深化をめざしているわけです。かつてがこうだったから……というような、それ以前の慣性力《かんせいりょく》を打ち砕《くだ》いて飛《ひ》躍《やく》する、次元が変わる進展《しんてん》を期するものなのです。

「私が変わります」と宣言することは、自身の切なる誓《ちか》いを内外《ないがい》に対して示すことです。そこに湛えられているのは、「天知る。地知る。何ぞ知る人なきと言わん」という想いです。自らのすべてを開いてもまったく臆《おく》することがない。そうした清廉《せいれん》な志をもって、「私が変わります」を自ら宣言し、それを生きることによって、私たちは必ず新しい現実を手に入れることができます。いいえ、それによってのみ、道は開かれるでしょう。そしてその道を切り開くフロンティアは、あなた自身にこそあるのです。

2　なぜ変わらなければならないのか

二十世紀の原則「私は変わりません」が歪《ひず》みを生んでいる

新しい世紀を迎《むか》えて早《はや》一年が経《た》ちました。けれども一体どれほど私たちは新しい世紀にふさわしい現実を手にしていると言えるのでしょう。何が新しくなり何が古いままにとどまっているのでしょうか。と言うのも、私たちがまだ様々な意味で「二十世紀」を引きずっているように思うからです。

二十世紀は人類にとって前代未聞《ぜんだいみもん》の発展の時代でした。この発展を牽引《けんいん》してきたのは、「相手を変える」「世界を変える」という生き方、すなわち、「私は変わりません。世界の側《がわ》だけ変わって下さい」という原則です。私たちは、自然の姿を変えて多大《ただい》なエネルギーを引き出し、街《まち》をつくりました。暑《あつ》ければ温度を下げ、寒ければ上げて自在《じざい》にコントロールする空調《くうちょう》技術を開発し、暗ければ夜の闇《やみ》を昼の明るさにも変えることのできる照明技術を発展させました。遠く離《はな》れた場所に一刻も早く行きたいと鉄道や航空機をつくり上げ、離れた人と話がしたいと通信網《もう》をつくり出して世界を一変《いっぺん》させてしまいました。まさに「相手を変える」「世界を変える」という「私は変わりません」の原則が、私たちの二十世紀をつくったのです。そして、今もこの原則に従って、私たち人間は現実を生み続けているると言えるでしょう。

しかし、「二十世紀の原則」は、もうすでに古いものになっているのではないでしょうか。なぜなら、現在現れている問題群のほとんどが、実は、この「私は変わりません」という原則から生まれてきたものであるからです。

例えば、環境問題がそうです。大気《たいき》の汚染《おせん》もゴミの問題も、今や植物や動物のみならず、人間の生存《せいぞん》にとって大きな脅威《きょうい》となっていますが、それは、私たち人間自身の側の快適な生活は変えずに、森や河、海などの自然ばかりを変えて搾取《さくしゅ》してきた結果、現れてきた問題ではなかったでしょうか。

また、世界に大きな脅威《きょうい》を与えるテロの問題、あるいは民族紛争《みんぞくふんそう》や宗教紛争の多くも、互《たが》いに相手の非《ひ》を訴《うった》え、自らは変わらずに相手を変えようとするところに、その根深さがあると言えます。

広大なゴミ埋立場（東京）

酸性雨による立ち枯れ（奥日光）

同時多発テロ（2001年9月11日）

今、世界に山積する諸問題は、
「自らは変わらずに相手を変えようとする」ところに、その根深さがある。

さらに今、わが国の大きな政治的課題である構造改革《こうぞう》において問題となっている現実の歪みも、この原則から生まれてきたものではないかと思うのです。現実を無視してまで、慣習《かんしゅう》や既得権益《きとくけんえき》を守ろうとした結果、本来不要な負担がかさみ、大きな矛盾《むじゅん》が生じてしまったのです。

つまり、「私は変わりません」という二十世紀の原則から生じてきた様々な現実が、私たちの前に、待ったなしの問題として山積《さんせき》しているのです。しかもそれは、大きな世界の問題だけではありません。二十世紀の原則は、個人のレベルにおいても、実は大きく私たち一人ひとりを縛《しば》っているのではないでしょうか。

あなたにも変えるべき二十世紀がある

何か問題や困難《こんなん》を抱《かか》えたとき、理不尽《りふじん》な出来事、納得《なっとく》のいかない事態、思いもかけない試練や大失敗に直面するたびに、私たちは決まって、相手の足りなさや社会制度の不備《ふび》を非難《ひなん》して――自分の外側にいる人たちや物やしくみを責《せ》めて、「何とかしてほしい」と訴《うった》えてきたのではないでしょうか。つまり、徹底して外ばかりを変えようとする「私は変わりません」という二十世紀の原則を、そのまま生きているということです。

確かに、問題の原因がどこにあったのかと追究《ついきゅう》し、その改善を求めることは大切です。それは至極《しごく》当然にも思えます。誰《だれ》の責任でその事態が生じているのかを明らかにして、その問題を解決する。

けれども、どうでしょう。「ここが問題」「ここがおかしい」「あなたのこういうところを変えてほしい」と、周囲に「動いてほしい」と訴えるだけで本当によいのでしょうか。それだけで、思った通り事が動いたことがあるでしょうか。相手のためと信じ、その人に関わって、実際にそのように変わったという経験は少ないのではないでしょうか。

わが子の幸せを思って「勉強しなさい」と言い、部下のことを思って注意し、友人の幸せを思って忠告するのだけれど、それだけでは本当には相手は変わらなかったのではないでしょうか。私たちは「よかれ」と思って、人や現実を変えようと、ありとあらゆる手を使って実際にはうまくゆかなかったという経験を重ねてきた――。

そのことを私たちはしっかりと認識する必要があります。つまり、相手を自分の思い通りに変えることは困難であり、自分の都合《つごう》に合わせて世界を変えようとしたことが大きな問題をつくり出したということです。そして、だからこそ、その原則自体を変える時が来ていると思うのです。

新しい原則に未来を託《たく》す

世界に山積《さんせき》する問題も、私たち一人ひとりの苦難《くなん》も、新しい原則を待っているのです。「相手を変える」「世界を変える」のではなく、まず、「私が変わる」――。相手を変えることはできなくても、自分自身が変わることはできます。世界を変えることは困難《こんなん》でも、自分が変わることはできるのです。

元来《がんらい》、一切《いっさい》のものは、自分と自分以外のものからできています。ということは、自分が変われば、必ず自分以外のものに決定的な影響を与えることができるのです。声をかけたことのなかったあなたが、自分から声をかける。手を差し延《の》べることのなかったあなたが、手を差し延べる。そうすればきっと相手の中で何かが変わるでしょう。自らのやり方を変え、関わり方を変革することによって、現実の変革を果《は》たすことができる――。

私たちは、内外《ないがい》に残る「二十世紀」を超えて、新しい現実を創《つく》るために、まず自分から変わる――。この原則に未来を託す時を迎《むか》えているのです。

3　人は本当に「変わる」ことができる

人間は変わることによってその人になる

この本の中では、私たちは、「人間は変わることができる」ことを前提に話を進めます。しかし、読者の中には、異論《いろん》を唱《とな》える方もあるでしょう。「これまで、生まれ変わった気持ちでやり直したいと何度も思ったが、結局変われなかった。人間はそんなに簡単に変われるものではない」と言う方。「周《まわ》りを見ても、そんなに劇《げき》的に変わった人なんて見たことがない」と言う方。あるいはそこまで明らかでなくても、本当に変われるのかという疑問を持っている方……。つまり「人間は本当に変わることができるのか」という疑問です。けれども、私はこう断言できます。これほどまでかと驚嘆《きょうたん》せずにはいられないほど、「人間は変わることができる」と――。

例えば、私たちは、歴史が残した多くの人物の足跡《そくせき》から、その根拠《こんきょ》を限りなく指摘《してき》することができます。「和《わ》」を大切にした聖徳太子《しょうとくたいし》は、仏法《ぶっぽう》に基《もと》づく、平安《へいあん》に満ちた新しい国づくりを悲願《ひがん》に掲《かか》げましたが、若き日には自ら物部氏《もののべし》との争《あらそ》いに明け暮《く》れ、戦《いくさ》に勝つことを念じ続けた血気盛《けっきさか》んな人物でした。インド独立の父マハトマ・ガンジーは、非暴力《ひぼうりょく》運動を導《みちび》いた不屈《ふくつ》の意志の人物として知られていますが、幼い頃にはお化《ば》けを怖《こわ》がる弱虫《よわむし》で、青年時代は植民地となっていた祖国を愛することができませんでした。

明治維新《いしん》に貢献《こうけん》した坂本龍馬《さかもとりょうま》も西郷隆盛《さいごうたかもり》も、初めからそのような龍馬や西郷ではなかったはずです。国際赤十字社《こくさいせきじゅうじしゃ》の創設《そうせつ》と普及《ふきゅう》に命を捧《ささ》げたアンリ・デュナンも、音楽家としての成功を捨《す》ててアフリカ医療に尽《つ》くしたアルベルト・シュヴァイツァーも、最初からそのように生きることができたわけではありません。

つまり、これらの人々はみな変わったのです。求めるものが変わり、大切にするものが変わり、守るものが変わった——。それは驚《おどろ》くほどの変化でした。

そして、私は、かつてとはまるで別人のように生まれ変わってしまった市井《しせい》に生きるたくさんの方々と実際に出会ってきました。千を超える人々がその変貌《へんぼう》の証明者です。生まれ育ちの中で、人や世界に対する決定的な不信感を抱《いだ》かなければならなかった人が、その不信感を乗り越えて、人と世界に対する深い信頼を取り戻《もど》すことができました。家族を叱《しか》り、社員を罵倒《ばとう》し、周囲を責《せ》めて怒《おこ》ってばかりいた人が、他人《ひと》の言葉に耳を傾《かたむ》け、その気持ちを汲《く》み取ることができる人に変わることができました。自分などどうせ駄目《だめ》と卑下《ひげ》して自らの殻《から》に閉《と》じこもっていた人が、自分の気持ちを率直《そっちょく》に話せるようになり、自分でなければならない役割に目覚《めざ》めることができました。

それらの人々は、それぞれが抱《かか》えていたテーマも、そのきっかけも、そして変わった後の姿も様々ですが、その一つ一つの出会いは、間違いなく私に、「人間は変わることができる」ことを教えてくれたのです。いいえ、それればかりではありません。人間は変わることによって、本当のその人になってゆくことを教えてくれたのです。

変われる理由がある——人間は魂の存在だからこそ

そしてそこにこそ「変わることができる」本当の理由があると思うのです。人間は、誰《だれ》でもその内側に、いまだ発現《はつげん》していない、本当の自分を抱《いだ》いている。その本当の自分とは、魂・真我《しんが》。魂とは永遠の次元から願いを抱いてきた存在であり、真我とは魂の中心に座《ざ》して、その願いを具現《ぐげん》できる真の主体《しゅたい》です。人間は魂・真我を抱く存在だからこそ、私たちはその本質を必ず現すことができる——。それが、「人間は変わることができる」理由ではないでしょうか。生まれ育ちによって、たとえどのような習慣《しゅうかん》や性格を身につけようと、それは決定的なものではありません。人生の条件として魂・真我の本質を隠《かく》してしまう覆《おお》いにすぎないのです。

一人ひとりの中には、あらゆる問題を解決し、新たな未来を創造《そうぞう》する「力」があります。ただその力は、生まれながらにして顕《あら》わになっているわけではありません。生まれっ放《ぱな》し育ちっ放しの心は、必ず歪《ひず》んだ偽我《ぎが》（真我に対して偽《いつわ》りの自分）に覆われるからです。ですから、私たちにとって大切なのは、偽我の覆いを外《はず》し、その奥に宿《やど》されている魂・真我の力を解放することにほかなりません。それが、人が「変わる」ということの真義《しんぎ》であり、人は誰でもそうすることができるのです。

そもそも「人間の中には今は覆われていても光り輝《かがや》く本質がある」という人間の捉《とら》え方は、歴史的に少しも特異《とくい》なものではなく、むしろ変わることなく連綿《れんめん》と受け継《つ》がれてきたものにほかなりません。それは、私たち日本人の血の中にも深く流れ込んでいる宗教的土《ど》壌《じょう》です。人間は内に如来《にょらい》を蔵《ぞう》するという意味での如来蔵思想《にょらいぞうしそう》や、人間は本来悟《さと》っているという意味での本覚《ほんがく》思想がそれであり、複雑多岐《たき》になってしまった仏教思想にあって、それらを通底《つうてい》している根本の人間観だったのです。

若き日の道元《どうげん》（曹洞宗《そうとうしゅう》の開祖《かいそ》。一二〇〇～五三）は、「本来悟っている人間がなぜ、修行しなければならないのか」と、この本覚思想に対する疑問から比叡山《ひえいざん》を下《お》りたと言われています。しかし、その後、求道《ぐどう》の結晶《けっしょう》として著《あらわ》した『正法眼蔵《しょうぼうげんぞう》』の「仏性《ぶっしょう》」という章において、まさにこの本覚思想の徹底的解明を行いました。例えば「一切衆生《いっさいしゅじょう》、悉有仏性《しつうぶっしょう》、如来常住《にょらいじょうじゅう》、無有変易《むうへんい》」という『涅槃経《ねはんぎょう》』の一節は、それまで通常「一切衆生には悉《ことごと》く仏性有《あ》り、如来は常住にして変易《へんい》有ることなし」と読まれてきましたが、道元はさらにそこにとどまらず「一切衆生、悉有《しつう》が仏性なり」と読みました。つまり、仏性は何かの性質ではなく、存在そのものだと言い切ったのです。そしてそれを坐禅《ざぜん》によって実践的に証明しようとしました。

「変わる」とは、その人の魂・真我の輝きが溢《あふ》れるように甦《よみがえ》ってくること。偽我の覆いを突《つ》き抜けて、内側からまったく新しい人格が現れ、新しい力がみなぎってくること。だからこそ、誰もが必ず「変わる」ことができるのです。そして、そのような自分に本当に生まれ変わってゆきたい、と心底《しんそこ》願うことが、「私が変わります」宣言にほかならないのです。

4　「私が変わります」が解決する

「私が変わります」こそ、問題解決の糸口

誰《だれ》にとっても、「問題」は嫌《いや》なものです。「できれば、問題は降《ふ》りかからないでほしい」「問題のない人生であってほしい」「問題の多い人生は不幸」。そんな気持ちを抱《いだ》いているのではないでしょうか。

しかし、現実には、個人的な問題から世界的な問題に至《いた》るまで、問題のないところはないと言えるほど、日々どこにでも問題は溢《あふ》れています。きっと「何の問題も抱《かか》えていない」と本心から言える人は、まずいないでしょう。

子どもの不登校《ふとうこう》、夫婦間の不理解、業績の伸び悩み、人間関係の軋轢《あつれき》、経済的な困窮《こんきゅう》、身体的不調、生き甲斐《がい》の喪失《そうしつ》、将来に対する不安……。こういった個々人が抱える問題は尽《つ》きることがなく、さらに、その個人が集まった社会もまた、いつの時代にも、問題は山積《さんせき》し続けてきました。人類の歴史とは問題との格闘《かくとう》の歴史であり、解決に向けての挑戦の

歴史と言っても過言《かごん》ではないほどです。一つの問題が解決されても、次々に新たな問題は生まれ続けています。例えば、病気という問題一つをとっても、天然痘《てんねんとう》が根絶《こんぜつ》されても、エイズや狂牛病《きょうぎゅうびょう》と新しい病気は現れ続けています。

そして、このように、問題に囲《かこ》まれ、問題と共に生きてきた私たちですが、いまだに問題解決の決定打を見出《みいだ》し得ていないのが現状です。格闘しても埒《らち》が明かないため、他人《ひと》のせいにして解決をあきらめたり、また楽観的にいつか解消するだろうと放置してしまうといった場合が少なくないのではないでしょうか。しかし、他人のせいにしても、現実は改善されず、相手が自分の期待通りに変わってくれることは難《むずか》しいでしょう。まして、何もしなくて問題が自然に消滅《しょうめつ》することなどあり得ません。

では、どうすればよいのか――。

「私が変わります」を生きることこそ、問題解決の糸口であると私は確信します。一人ひとりが「私が変わります」を生きることによって、解決の道が開かれる――。それは私自身の体験であり、多くの実践例が教えてくれたことです。「私が変わります」という姿勢から生まれるまなざしや、その生き方から生まれる智慧《ちえ》が、どうにもならなかった問題を解決し、新しい現実を切り開いてゆくのです。

自分を変えてでも責任を果《は》たす

今から二十年前、アメリカでタイレノール事件と呼ばれた事件が起こったとき、その被害を受けた企業は即座《そくざ》に「私が変わります」の姿勢を示しました。事件は、ベビー用品や薬などの大手企業であるジョンソン・エンド・ジョンソン社の製品である鎮痛剤《ちんつうざい》タイレノールに何者かが毒物を混入《こんにゅう》させ、そのために死者が出たというものでした。このとき、ジョンソン・エンド・ジョンソン社の経営陣は、一切《いっさい》の弁明《べんめい》をすることなく、事件後わずか一時間で、テレビ・ラジオを通じて、製品に対する警告を発《はっ》しました。その後一億ドルをかけて、鎮痛剤三一〇〇万個の回収《かいしゅう》を行い、さらに、たとえ破《やぶ》られてもそれが一目で分かるようなパッケージに改善したのです。事件としては、企業生命を脅《おびや》かすような出来事です。しかし、市場はその判断と行動に対して、極めて好意的な反応を示しました。

こうした事件を起こした場合、よく見られる姿勢としては、隠蔽《いんぺい》やごまかし、弁解や弁明、問題の先送りなどです。それはまさしく「私は変わりません」という姿勢にほかなりません。もし、そのような対応であれば、結局は、かえって問題を大きくしたり、二次災害を引き起こして混乱を増幅《ぞうふく》させるなど、解決とは逆の方向へと事態を導《みちび》いていたに違いありません。

しかし、このジョンソン・エンド・ジョンソン社の場合、事件を「隠蔽」したり、「ごまかす」ことなく、即座《そくざ》に「公開」しました。一切の「弁明」「弁解」をすることなく、潔《いさぎよ》く「謝罪《しゃざい》」の姿勢を示しました。問題を犯人に帰着《きちゃく》させて自己正当化したり、「無責任」に「先送り」することなく、「責任」ある対応を「即座」に実行しました。そしてこのような、自分を変えてでも責任を果たすという姿勢を貫《つらぬ》いたジョンソン・エンド・ジョンソン社は、多くの人々から支持され、評価され続けているのです。

不可能を可能にする「私が変わります」

「私が変わります」という姿勢こそが困難《こんなん》な問題や事件を解決へと導《みちび》いた例は、歴史の中に幾《いく》つも見出《みいだ》すことができます。

百年ほど前、わが国で、一万人もの貧《まず》しい人々が住む神戸《こうべ》の貧民街《ひんみんがい》が抱《かか》える問題を解決しようと立ち上がった賀川豊彦《かがわとよひこ》（一八八八〜一九六〇）の場合もそうだったと言えるでしょう。次々に立ちはだかる壁《かべ》に対して、「私が変わります」を実践し続けることによって、その問題の解決にとどまらず、生活協同組合《せいかつきょうどうくみあい》という新しい組織を設立し、多くの同志を得て農村の改革への道をつけたのです。

賀川豊彦

幾つもの困難が行く手を妨げたとき、
そのたびに自らが「変わる」ことをもって問題を解決し、乗り切っていった。

賀川豊彦は、まず二十一歳という若さで神戸の貧民街に自ら身を置き、文字通り血を吐《は》きながらあらゆる努力を続けましたが、一年、二年、三年と身をすり減らしてもその窮状《きゅうじょう》をどうすることもできず、絶望的な気持ちに陥《おちい》ります。しかし、あきらめることはできませんでした。そこでの六年間の苦闘《くとう》の後、「社会そのものの変革なく、貧民街を救済《きゅうさい》することはできない」と気づき、研究のために思い切ってアメリカへ留学します。滞在期間は三年間。膨大《ぼうだい》な書物を読破《どくは》し、アメリカの都市や農村を詳細《しょうさい》に研究し、社会改造の理論と実際を身につけて帰国するのです。その後、労働運動の第一人者となり、さらに農民組合運動を起こすなど、活躍を続けました。それでもまだとどまることなく、私財《しざい》をなげうって農民学校を設立し、農業に就《つ》く人々の教育に心を尽《つ》くします。その間、幾つもの困難が行く手を妨《さまた》げますが、そのたびに自らが「変わる」ことをもって乗り切っていったのです。それは、三百冊を超える著書や膨大な論文、講演の回数を見ても、察《さっ》するに余りあるものがあります。

彼が行き詰《づ》まったときに取ったアメリカ留学という選択《せんたく》も、後になれば、根本的な改革のためにはなくてはならない研究の時間であったことが分かりますが、問題の渦中《かちゅう》にあるとき、自分が変わることをよしとしなければ、そのような選択は行わなかったことでしょう。また、労働組合の第一人者となった時点で、立場に満足してそこにとどまることもあり得たのですが、私財をなげうつなど彼の「私が変わります」は続きました。
当時の日本が抱えていた農村の衰退《すいたい》や、そこから派生《はせい》する都市に生じるスラムの問題という困難な社会の問題も、こうして一人の「私が変わります」によって解決への道が開かれていったのです。

二十一世紀を迎え、私たちの眼前に、到底《とうてい》解決不可能《ふかのう》としか思いようがない巨大な壁《かべ》が立ちはだかっています。しかし、一人の「私が変わります」宣言が、一企業の「私が変わります」宣言が、そして一国の「私が変わります」宣言が、「新しい力」を生み出して、問題を解決し、新たな未来を開いてゆくことを、私は確信しています。

5 「私が変わります」が創造《そうぞう》する

神のごとき力——創造《そうぞう》の権能《けんのう》

毎日、地球上では人間によってたくさんのものが創《つく》り出されています。身の周《まわ》りを見回しても、ほんの百年前には存在しなかったものがたくさんあります。インターネットやパソコンも、ロケットやロボットも、また現在の医療には欠かせないCT（コンピュータ断《だん》層撮影《そうさつえい》）やMRI（磁気共鳴画像《じききょうめいがぞう》）などの検査設備もそうですし、今日のような通信システム、流通のシステム、さらに国際連合《こくさいれんごう》やNGO（市民の海外協力をめざす団体）といった組織もそうです。かつて存在しなかった建造物や機械、かつてなかったシステムや組織、かつてなかった芸術や文学……。それら一つ一つは、ときに私たちの生活を便利《べんり》で豊かにし、人間の可能性を広げてくれました。また、痛みを癒《いや》し、絆《きずな》を結び、命を守ってくれています。

思えば、創造という営《いとな》みは、何という不思議な営みでしょうか。昨日まで地球に存在しなかったものが、今日、誰《だれ》かの精神活動によって現れる――。創造の権能とは、人間だけに与《あた》えられた、まるで魔法のような力、神のごとき力です。精神と現象《げんしょう》をつなぐ力を与えられた人間は、その権能を古代よりずっと行使《こうし》し続けてきました。そして、創造とは、いつの時代にも人間にとって大変魅力《みりょく》に満ちた営みでした。

私は、古代の遺跡《いせき》から発掘された道具や器《うつわ》、建物などを目にするとき、それがどのようなものであったとしても、いつも何とも言えない感慨《かんがい》を覚《おぼ》えます。遥《はる》か昔に生きた人間の息づかいや手のぬくもりをそこに感じずにはいられません。そして同時に、遠い過去から、どんなときも何かを創造し続けてきた人間、また創造せずにはいられない人間という存在が背負った宿命《しゅくめい》と使命《しめい》を思わずにはいられないのです。

「こんなものがあったら……」「あんなものがあったら……」と、どこかで誰かが思ったから、その一つ一つのものは創り出されました。言い換《か》えるなら、それらは誰かの悲しみや後悔から、また希望や願い、喜びから生まれたのです。

そして、大切なことは、それらが生み出された背景には、実はそこに関わる一人ひとりの「私が変わります」があったという事実です。「私が変わります」こそが創造を可能にした第一の要因であると言っても過言《かごん》ではないのです。

流通革命を起こした「私が変わります」——コンビニエンスストアの誕生

日本でかつてなかった新しいシステムを持つコンビニエンスストアを開き、流通業界に革命を起こしたセブンイレブン・ジャパンの挑戦の陰《かげ》にも、それに取り組んだプロジェクトメンバー一人ひとりの「私が変わります」がありました。

今でこそ、コンビニエンスストアは全国津々浦々《つつうらうら》で見かけることができます。しかし、今から三十年ほど前には、小売店が百六十万店もある日本でコンビニエンスストアが成功するとはまったく思えなかったのです。当初は無謀《むぼう》とも思われる挑戦でした。

この計画は、実現まで幾《いく》つもの難所《なんしょ》を越えなければならない険《けわ》しいものとなりました。まず、苦難《くなん》の末に、やっとアメリカの最大手のサウスランド社と提携《ていけい》するところまで漕《こ》ぎ着けたのですが、提示された提携の条件は、予想を上回る不利なものでした。例えば、一パーセントという法外《ほうがい》なロイヤリティがありました。交渉《こうしょう》に当たったメンバーはサウスランド社の強気の姿勢に圧倒《あっとう》されながらも、気を取り直して説得を続け、引き下げを迫《せま》り、ようやく〇・六パーセントで合意に達しました。Ｎｏ《ノー》と言うことが苦手な日本人にとって、アメリカの大企業を相手にＮｏを突《つ》きつけたことは、「私が変わります」にほかなりませんでした。

契約《けいやく》が成立して、いよいよ開店の準備が始まりましたが、ここでも壁《かべ》が立ち現れます。アメリカのマニュアルが事情の違う日本では役に立たないこと。オイルショックによる出店費用の跳《は》ね上がり等々。契約を破棄《はき》しようとまで思い詰《つ》めるほどの難題でした。それでも、出店を申し出る人が現れ、何とか一号店を開店することができたのです。

しかし、開店後も問題は起き続けました。難問だったのは、在庫管理《ざいこかんり》。三千種類もの商品の売れ筋を摑《つか》む必要があったのですが、それは売上伝票《でんぴょう》から一つ一つの商品を洗い出すという地道《じみち》な手作業しかありませんでした。メンバーは、早朝から深夜まで働き続け、数カ月後、やっと商品の動向が明らかになったのです。同時に、小分《こわ》け配送という問屋《とんや》の慣習《かんしゅう》を破る新たなシステムの整備にも奔走《ほんそう》しました。それは流通革命でもありました。このシステムの確立により、在庫は急速に減り、利益も大幅に向上したのです。何としても一号店を成功させなければ、店を預《あず》けてくれた方に申し訳ない――そんな想いがメンバーを支《ささ》え続けていたのです。

自分が変わることにより、周囲も変わり、社会に新しいシステムが誕生する――。

セブンイレブンは、一号店が開店してわずか三年で百店舗《てんぽ》にまで広がるという奇跡的な急成長を遂《と》げたのです。

創造《そうぞう》の秘儀《ひぎ》——インスピレーションの秘密

発明王として知られるエジソン（一八四七～一九三一）は、まさに人間に与《あた》えられた創造の権能《けんのう》を思う存分に駆使《くし》した人物でしたが、その創造の秘儀は何であったかと言えば、やはり「私が変わります」であったとしか思いようがありません。

「天才とは、九十九パーセントのパースピレーション（発汗《はっかん》＝努力）と、一パーセントのインスピレーション（霊感《れいかん》）である」というエジソンの言葉があります。それは、「九十九回変わって初めて一回のインスピレーションが訪《おとず》れる」と言い換《か》えることができると私は思うのです。

エジソンが、電球のフィラメントを発見するために、世界中から六千種を超える植物を取り寄せ、実験を積み重ねたことは知られていますが、そのような逸話《いつわ》からも、エジソンが自らの言葉通り、まさに絶《た》えざる「私が変わります」を生き続けたことは明らかです。竹という一つの適切な材料に巡《めぐ》り合うために、エジソンはただ待っていたのではなく、自分から変わり続けたのです。途中であきらめることもできました。投げ出すこともできたでしょう。しかし、なかなか適切な材料が見つからず、気の遠くなるような日々の中でも、自分を建て直し、変わり続け、挑戦し続けたのです。

エジソンは「人々が労働に費《つい》やす負担を軽くし、日常生活を豊かにできるように」と、家庭や商店にあまねく電灯をともす夢《ゆめ》をあきらめることができなかったのです。その夢を実現するためなら、自ら変わることを惜《お》しまなかったということでしょう。

また偉大な芸術作品には、霊感によって創作されたとしか思いようのないものがあります。それらは、過去の延長線上にはなく、個人の経験や知識から生まれたものとは思えない叡智《えいち》の輝《かがや》きがあります。そこにも同じように作者の「私が変わります」が存在していたのです。

ベートーヴェン（一七七〇～一八二七）は、第九交響曲を作曲するのに、数十年の歳月を費やし、幾度《いくど》も楽譜《がくふ》に手を入れ続けました。「苦悩《くのう》を突《つ》き抜けて歓喜《かんき》に至《いた》る」――悲苦《ひく》に打ちひしがれる人々を真に励《はげ》まし希望を与える音楽を願って苦闘《くとう》したベートーヴェンの人生もまた、至高《しこう》の音楽を創るために自らを捧《ささ》げたという意味で、「私が変わります」を生きた人生であったと言えます。

その他、文学や詩も、絵画や彫刻も、人々の心を打ってやまない作品には、作者の絶えざる「私が変わります」の果《は》てに、天啓《てんけい》のごとくもたらされたインスピレーションの輝き

エジソン

ベートーヴェン

金剛力士像

時代を超えて人々に感動を与える芸術の創造や、
偉大な発明発見の背景には、「私が変わります」があった。

が宿《やど》っているのです。

　末法《まっぽう》と言われた時代に、人々に希望の光を投げかけようと発心《ほっしん》し、東大寺南大門《とうだいじなんだいもん》の金剛《こんごう》力士像《りきしぞう》など、大変力強い作品を生み出した鎌倉《かまくら》時代の彫刻家運慶《うんけい》（一一五〇？〜一二二三）もまた、その一人であったと思います。

　最近、その金剛力士像が解体修理されることによって、像は三千以上の部品から成り、大勢の職人が分業《ぶんぎょう》して高さ約八・四メートルの彫像《ちょうぞう》として組み合わせていったものであったことが分かりました。多人数の人々の意志を一つに束《たば》ね、一つの作品として完成させてゆくという手法は、当時まだほとんど試《こころ》みられたことのないものでした。つまり、その新しい試み自体が、運慶の幾度《いくど》もの「私が変わります」によって支《ささ》えられたことは想像に難《かた》くありません。

　そればかりではなく、一度完成した像に対して、最後の最後まで修正が加えられていったことも明らかになり、数多くの部品がその修正のために使われていたのです。肩の筋肉をより躍動感《やくどうかん》のあるものにするため、何枚もの木材を継《つ》ぎ足して張り合わせ、視線をより強いものとするため、両の目に新しくまぶたをつけ加えていたのです。他にも、腹部の修正、胸部《きょうぶ》の修正と飽《あ》くことなく手が加えられていました。一度つくったものを、そこでよしとせずに否定し、よりよいものへとつくり変えてゆく――。それはまさしく運慶の「私が変わります」であったと思うのです。

その姿勢こそが、作品に触《ふ》れた人々の心に強い感動を与え、暗い社会に一すじの光を投げかけることのできた光源《こうげん》だったのではないかと思うのです。

6 「私が変わります」が歴史を創《つく》った

国の基《もとい》を創《つく》ったのも、国難《こくなん》を救ったのも「私が変わります」

人間の歴史には、数多くの豊かな「私が変わります」の姿が刻《きざ》まれています。そして、それを見れば見るほど、人間の歴史とは、実は「私が変わります」の歴史にほかならなかったとさえ思われるのです。

例えば、日本において、「国の父」とも言われる聖徳太子《しょうとくたいし》（五七四～六二二）が示した「和《わ》を以《もっ》て貴《とうと》しと為《な》す」という生き方。当時は、家と家、あるいは肉親同士で、血で血を洗う凄絶《せいぜつ》な骨肉《こつにく》の争《あらそ》いが続いていました。その渦中《かちゅう》にあって、太子は、「和」――人間同士の信頼や絆《きずな》が何よりも大切であり、その「和」を国政、すなわち国の基《もとい》とすると宣言したのです。

その太子自身が、策略《さくりゃく》と謀略《ぼうりゃく》のただ中に生まれ、若い頃には仏教のために物部氏《もののべし》との争いの先陣《せんじん》を切るような青年でした。そのままに対立や争いの渦《うず》に呑《の》み込まれ、自らも暴力的な手段と方法で国を治《おさ》めようとしたとしても決して不思議ではありません。しかし、太子は争いがもたらす悲惨《ひさん》さを深く受けとめ、その道を選びませんでした。つまり、太子は「私が変わります」を生きて示したのです。そして「憲法十七条《けんぽうじゅうしちじょう》」の精神は、大化改新《たいかのかいしん》へとつながり、内政外交ともに日本の礎《いしずえ》を築《きず》き、「和」という考え方や生き方は後世《こうせい》の日本に計《はか》り知れない影響を及ぼすことになりました。

また、鎌倉《かまくら》時代、日本が元《げん》の襲撃《しゅうげき》を受け、滅亡《めつぼう》するか否《いな》かの国難に遭《あ》ったとき、それを回避《かいひ》した、時の執権北条時宗《しっけんほうじょうときむね》（一二五一～八四）の生き方にも「私が変わります」が示されています。いつ元の大軍が攻めてくるか分からない脅威《きょうい》にさらされ、時宗は、師である無学祖元《むがくそげん》の許《もと》を訪《おとず》れます。そのとき祖元は、「莫妄想《まくもうぞう》」（妄想するなかれ）と一喝《いっかつ》し、徒《いたずら》に恐怖心や不安に支配されず、事態をあるがままに受けとめよ、と諭《さと》します。それからの時宗は、日々国家安寧《あんねい》の祈りを欠かすことなく続け、一方では同時に兵を九州に集め、石塁《せきるい》を築くなど現実的な対応にも心を尽《つ》くしました。いよいよ元が襲来《しゅうらい》したときも、不動の心を保ち続けたと伝えられています。結果は、暴風雨《ぼうふうう》に遭って元軍は海の藻屑《もくず》となって消えたとされます。そこにも、時宗が「私が変わります」を生きて、不安と恐怖を乗り越え、重責《じゅうせき》を引き受けた生きざまが刻《きざ》まれているのです。

近代国家日本を創《つく》ったのも「私が変わります」

「私が変わります」の姿勢が創った歴史は、明治維新《いしん》という時代の大きな転換点にも鮮《あざ》やかに刻《きざ》まれています。維新回天《かいてん》の基軸《きじく》となった薩長同盟《さっちょうどうめい》の締結《ていけつ》に際して、坂本龍馬《さかもとりょうま》（一八三五～六七）が取った姿勢もまさに「私が変わります」そのものでした。

薩摩《さつま》と長州《ちょうしゅう》が同盟を結ぶには、当時犬猿《けんえん》の仲であった二つの藩《はん》を和解させなければならないという難題が立ちはだかっていました。龍馬は、軍事的、経済的な相互支援のプロセスを経《へ》て、双方《そうほう》の歩み寄りを図《はか》り、いよいよ同盟締結の仕上げに臨《のぞ》むわけですが、その後も難題が降《ふ》りかかります。一度は、長州で桂小五郎《かつらこごろう》と会談する約束だった西郷隆盛《さいごうたかもり》が来なかったときのこと。龍馬は、必死に桂を宥《なだ》め、京都の西郷に会いにゆき、再度、京都での会談を準備します。ところが、京都で会談に臨んだ西郷と桂は、互《たが》いの面子《めんつ》から、一向に同盟の話を切り出しません。そしてついに桂はあきらめて長州に帰ろうとします。時化《しけ》のため長州に足止めされていた龍馬がようやく京都に着いたのは、桂が旅立とうとする直前でした。このとき龍馬は怒《いか》り、桂に向かって、これまでどれだけ多くの同志が命を捧《ささ》げてきたか、今は小さな藩の面子に拘《こだわ》っているときではない、と語ります。ところがそれでも、長州の置かれている立場を訴《うった》えて動かない桂に対して、龍馬の取った態度は、それ以上

北条時宗

聖徳太子

福沢諭吉

坂本龍馬

歴史は、「私が変わります」を生きた人々によって転換し、
新たな時代の潮流が生まれていった。

「責《せ》めず」でした。それは、龍馬が「私が変わります」を生きた瞬間だったと思います。正論《せいろん》で批判《ひはん》するのではなく、桂の真情《しんじょう》を受けとめ、自らの怒りを捨《す》てて日本のために同盟成立に向けて動いたのです。龍馬は、立ち上がり、薩摩藩邸《はんてい》にひた走ります。そして西郷に桂の胸中《きょうちゅう》を伝え、会談の場を設定し、ついに同盟は締結されたのでした。その時をもって、時代は大きく近代国家日本へと転換してゆくことになったのです。

また、日本が近代国家として自立しようとしたとき、西洋思想を紹介し、近代日本の創《そう》造《ぞう》に尽《つ》くした福沢諭吉《ふくざわゆきち》(一八三四～一九〇一)も、「私が変わります」を生きた人物でした。適塾《てきじゅく》で蘭学《らんがく》を修《おさ》め、その実力を認められた福沢が、江戸に招《まね》かれたときのことです。まだ開港されたばかりの横浜を見物に行き、そこで衝撃《しょうげき》的な出来事に遭遇《そうぐう》します。外国人居留《きょりゅう》地《ち》に掲《かか》げられている看板《かんばん》の言葉が一語も読めなかったのです。自負心が強く、江戸随一《ずいいち》の洋学者《ようがくしゃ》と思っていた福沢にとって、それは大変なショックでした。そして、英語がすでに世界の主役になっていることを知った今、蘭学を続けるか、英語を取るかの選択を迫《せま》られます。そのとき、福沢は、深く悩んだ揚《あ》げ句《く》、蘭学を捨て、英語をゼロから学ぶことを決意したのです。その選択があったからこそ、後に自由・平等といった西洋思想を日本に伝え、近代日本の精神的な礎《いしずえ》を築《きず》くために多大な影響を与《あた》えることになったわけですが、そこにもまた、新しい時代を創った一人の「私が変わります」を生きた足跡《そくせき》を見て取ることができます。

時代の転換期には、「私が変わります」を生きた人々の挑戦があって、新しい時代が切り開かれ、立ち現れてきたというのが歴史の真相ではないかと思うのです。それは、日本だけではありません。世界の歴史が、「私が変わります」を生きた人々によって転換してきたと言えるのです。そして、歴史に名を残した人々だけでなく、無名の多くの人々、その一人ひとりの「私が変わります」があってこそ、新しい時代の潮流《ちょうりゅう》が生まれていったのです。

7 「変わる」ことは宇宙の摂理《せつり》

「変わらない」ことの方が「無理」なこと

「私が変わります」という新しい生き方——。では、「自分が変わる」とは一体どういうことなのでしょうか。それは、自分に関わる一切《いっさい》が変わることです。自分の意識が変わり、動機が変わり、関心が変わり、感じ方が変わり、考え方が変わり、判断が変わり、発言が変わり、行動の仕方が変わることです。つまり、今の自分ではなくなるということ——。

だからそのために、「自分が変わる」とは、何か「無理」なことをするというイメージを抱《いだ》いている人はいないでしょうか？　今のままの自分が自然体であり、それを無理やりギプスをはめるようにして別の人間に強制的に仕立《した》て上げるのが、「変わる」ということ——。もしそのようなイメージを抱いているとするならば、それはまったく違うのです。

「変わる」とは、本当の自分になること、最《もっと》も自分らしい自分になってゆくということです。そして「変わる」とは、ワクワクすること、人生が楽しくて仕方がなくなること。

心は自由を謳歌《おうか》し、内からはエネルギーが溢《あふ》れ、本当の幸せを心の底《そこ》から実感できること。自分と他の境《さかい》がなく、他人《ひと》の痛みをわがことのように感じ、自然の営《いとな》みを身の内に感じながら、宇宙の心と響《ひび》き合い、「共に生きる」喜びを噛《か》みしめて生きること。全体と自分が一つにつながって、本当の秩序《ちつじょ》を生み出し、「理《ことわり》のままに生きる自分になる」という意味で、まさに「変わるとは、宇宙の摂理」そのものなのです。

「無理」という言葉は、「理《ことわり》が無《な》い」と書きます。その意味で言うなら、「変わらない」ことの方が、実はずっと「無理」な生き方になるのです。

宇宙も生命も文明も変わり続けている

それは、私たち一人ひとりの生き方のことだけではありません。

例えば「宇宙・自然の姿」自体も「変わる」ことの必然を教えています。森羅万象《しんらばんしょう》あらゆるものは、変わり続けることによって、その姿を保《たも》ち続けることができるからです。宇宙にあるすべての星々は一時としてとどまることなく回転運動をしています。地球は太陽系の一惑星《わくせい》として、自転《じてん》しながら約三百六十五日の周期《しゅうき》で、太陽の周《まわ》りを公転《こうてん》しています。そしてその太陽系自体も、銀河系の中心を軸《じく》に秒速二百キロ、実に約二億年の周期で

森羅万象——宇宙自然・肉体生命・文明文化、
あらゆるものは変わり続けることによって、その姿を保ち続けている。

回転していることが分かっています。宇宙にはそうした無数の銀河が存在し、今も轟音《ごうおん》を発《はっ》するように宇宙空間を回転し続けています。宇宙は決して静的なものではなく、動的なものとして生き続けているわけです。逆に言えば、動き続け、変わり続けるからこそ、宇宙は宇宙であり続けることが初めて可能になるということになります。

私たちの「生命」も同じです。生命を保っている間、私たちは変わり続けています。身体《からだ》の外側から栄養物が食事などによって取り込まれ、体内の老廃物《ろうはいぶつ》が尿《にょう》や便《べん》という形で外に出てゆく新陳代謝《しんちんたいしゃ》がその要《かなめ》です。皮膚《ひふ》や脳細胞のタンパク質は四週間で入れ替《か》わり、頭髪《とうはつ》の寿命《じゅみょう》は数年。肝臓《かんぞう》の細胞は一年半。胃壁《いへき》は三日で入れ替わる。一秒後の自分はもう今の自分ではないということです。私たちの身体のほとんどが、こうして変わり続けることで生命を保っています。逆に、生命が潰《つい》えるということは、心臓が止まり、呼吸が止《や》むこと。つまり肉体が「変わる」ことを止めたとき、私たちは、肉体的な死を迎《むか》えます。このようにして、「生きるということは変わり続けることにほかならない」ということを、私たちは確認することができるのです。

人間の歴史を振り返っても、「変わる」ことは常に重要なキーワードでした。過去の文明のいずれを見ても、豊かな文明は常に変わり続けていたのです。異質な文明と出会って融合《ゆうごう》し、新しい文化を創造《そうぞう》する。変わり続ける国や共同体こそがエネルギーを持っていました。例えば、古代オリエント文明は、まさに異質な文明と文明の出会いと衝突《しょうとつ》、その融合によって変わり続け、進化し続けました。それはさらに、古代ギリシア文明と融合しつつヘレニズム文明を生み、その後も異質な文明との出会いを通じて変わり続け、古代ローマ文明や中世イラン文明、さらにはアラブ・イスラム文明などに引き継《つ》がれながら、近代西欧文明の源流《げんりゅう》の一つとなったのです。

変わり続ける社会、変わり続ける国家、変わり続ける共同体――それこそが、新しい時代、新しい流れというものを生み出す「世界のフロント」であると言えるのではないでしょうか。一方、変わり続けることなく停滞《ていたい》してしまった文明は、エネルギーが衰退《すいたい》し、頽廃《たいはい》し、やがては内部分裂し、崩壊《ほうかい》してゆくという運命を辿《たど》ります。ローマ帝国の末期やインカ文明の末期、また鎖国《さこく》によって外国との交流が二百年以上にわたってほとんど遮断《しゃだん》されていた日本の江戸時代末期にも、同じような現象《げんしょう》が現れていたと言えるでしょう。

宇宙・自然の姿、私たちの肉体生命、そして文明文化のいずれにおいても、「変わる」ことの必然は明白であり、まさに、「変わることは、宇宙の摂理」なのです。

8　ブッダ、イエスは「私が変わります」の先駆者《せんくしゃ》

ブッダの悟《さと》りも「私が変わります」だった

人間の生きるべき道を追究《ついきゅう》し、多くの人々にその道を指し示すのは、古来より宗教が果《は》たしてきた大きな役割でした。その宗教的な道においても、「私が変わります」という姿勢は一貫《いっかん》して中心的なテーマとなってきたものです。人間が人間として目覚《めざ》め、魂深化の道のりを辿《たど》ってゆくことに、「私が変わります」という変革が不可欠《ふかけつ》だということです。

その中でも、仏教を開いたブッダ（釈尊《しゃくそん》）、キリスト教の源《みなもと》となったイエスは、根本的な「私が変わります」の姿勢を説《と》き、そして実際に生きた先駆者だったのです。

釈尊は、今から二千五百年前、インドの小国釈迦族《しゃかぞく》の王子として生まれました。しかし、実母を生後すぐに亡《な》くしたことから、運命のように「喪失感《そうしつかん》」をずっと背負《せお》い続けること

になりました。何不自由ない環境の一方で、喪失や別離《べつり》を敏感に感じ取り、人が老い衰《おとろ》え、死んでゆく姿に衝撃《しょうげき》を受け、自国の存亡《そんぼう》を左右する大国の存在に大きな脅威《きょうい》を覚《おぼ》えながら、不安と葛藤《かっとう》の日々を歩み続けなければなりませんでした。不変なるものを希求《ききゅう》しながら移り変わり失われてゆく現実との乖離《かいり》に悩み続けていたと言えるでしょう。

どうしても治《おさ》まることのない苦悩を解決するために、ついに釈尊はその一切《いっさい》の環境を捨《す》て、一介《いっかい》の修行者《しゅぎょうしゃ》として出発します。尊敬も受け、安定していた身分を放擲《ほうてき》し、つまり、「私が変わります」によって、何も持たない修行者として旅立ったのです。

六年にわたる修行を通して、釈尊はそれまで当然になっていた世界の感じ方、関わり方、人間関係……などを一つずつ新たに組み替《か》えることになりました。その一つ一つも「私が変わります」の実践でした。釈尊の悟《さと》りは、その「私が変わります」の果《は》てに訪《おとず》れたものだったのです。

そして、その悟りから生まれた教えの中心は、諸行無常《しょぎょうむじょう》、諸法無我《しょほうむが》、涅槃寂静《ねはんじゃくじょう》という三《さん》法印《ぼういん》に集約《しゅうやく》されるでしょう。

諸行無常とは、一切の存在は常《つね》なるものではなく、移り変わり、潰《つい》え去ってゆくという意味です。諸法無我とは、一切の存在は独立《どくりつ》・孤立《こりつ》して存在することはなく、すべては関わり合っていることを指しています。

釈尊は、この世界に生きる限り、この二つの法則を無視することはできないと言いました。すべては移り変わるがゆえに、どれほど安定を願っても叶《かな》わず、すべては多くの関係の中にあるがゆえに、どれほど念じても現実を自分の思い通りにすることなどできない。この二つの法則は、人間に不自由な現実を導《みちび》き、悲苦《ひく》をもたらすが、その事実をあるがままに直視し、受け入れることによって、すなわち、如実知見《にょじつちけん》によって迷《まよ》いの火を消し去った本当の安らぎ、涅槃寂静に至《いた》ることができると示したのです。人にとって受け入れ難《がた》い、諸行無常・諸法無我の現実を認め受け入れることそのものが、「私が変わります」の結晶《けっしょう》だったのです。

イエスが率先《そっせん》して生きた「私が変わります」

今から二千年前のユダヤの地で、神と人間の関係をまったく変えてしまったイエスの生き方も、「私が変わります」に貫《つらぬ》かれています。

イエスが説《と》いた教えは、当時のユダヤ社会が当然の前提としていた慣習《かんしゅう》をことごとく打ち破り、「変わる」ことを人々に迫《せま》ったのです。

その決定的な場面があります。

次第にイエスの評判が広まるにつれ、その奇蹟《きせき》と力強い言葉に熱狂《ねっきょう》したユダヤの民衆は、彼こそユダヤをローマの支配から救ってくれるメシア（救世主《きゅうせいしゅ》）であるに違いないと思い込みました。しかし一方、イエスの願いは、人々が本当のいのちに目覚《めざ》めること。神の愛《あい》に気づき、神の御心《みこころ》のままに生きてゆくことだけでした。

そんな民衆の思い込み、熱狂が頂点に達したとき、有名な山上《さんじょう》の説教が行われます。人々は、当然ここでイエスがユダヤ民族を救い出すユダヤの王としての声明を出すことを期待していました。その群衆を前にして、しかし、イエスはこう語り始めたのです。

「心の貧《まず》しい人々は、幸いである、天の国はその人たちのものである。悲しむ人々は、幸いである、その人たちは慰《なぐさ》められる。柔和《にゅうわ》な人々は、幸いである、その人たちは地を受け継《つ》ぐ。……心の清い人々は幸いである、その人たちは神を見る……」

そしてさらに語ります。

「だれかがあなたの右の頬《ほお》を打つなら、左の頬をも向けなさい。あなたを訴《うった》えて下着を取ろうとする者には、上着をも取らせなさい。……敵《てき》を愛し、自分を迫害《はくがい》する者のために祈りなさい。……」

イエスは、徹底的に、いまだかつてその地では説《と》かれなかった「愛」の心を訴えました。群衆の驚《おどろ》きはどれほどのものだったでしょう。イエスが何のことを言っているのか分からなかった人も少なくなかったに違いありません。やがて、そのどよめきは、失望と落胆《らくたん》へと変わってゆきました。イエスが自分たちの期待していたようなメシアではないことが明らかになったからです。このときからイエスは民衆の支持を失って、十字架への道行きをはっきりと眼に見える形で歩き出します。

イエスがここで示そうとしたこと――。それは、神の愛を証《あか》すことであり、人間としてその愛に応《こた》えることでした。憎《にく》しみと屈辱《くつじょく》の逆転を願った民衆に、その悲願《ひがん》を手放《ばな》して敵すらも愛することを促《うなが》す――。ある意味で極限的な「私が変わります」の道でした。

そして、「変わる」姿勢を貫くイエスの、さらに明快な言葉があります。

「わたしが来たのは地上に平和をもたらすためだ、と思ってはならない。平和ではなく、剣《つるぎ》をもたらすために来たのだ」

一見、愛の教えとは相反《あいはん》するかのように見えるこのような強く激しい言葉を投げかけながら、イエスは人々に、一切《いっさい》の既成《きせい》の見方や考え方を排《はい》して決定的な変革を促したのです。

投げ込まれたその剣によって亀裂《きれつ》の入った心の奥から、「新しい力」が湧《わ》き上がり、新しいいのちが甦《よみがえ》ることをイエスは何よりも願っていたのではないでしょうか。人々に、旧来の価値観を捨《す》て、「変わる」ことを切実に突《つ》きつけ、そして自ら率先して生きたのが、イエスその人だったということです。

9　変わりたくない症候群《しょうこうぐん》

変わりたくない症候群《しょうこうぐん》の蔓延《まんえん》

世界は、そして人生は、私たち一人ひとりに事あるごとに、「変わる」ことを促《うなが》し続けています。しかし、「変わる」ことは決して容易《ようい》なことではありません。これまでの感じ方、判断の仕方、行動の仕方を自動的に続けてしまう「私は変わりません」という行動指針が、私たちの心の中に根強く住《す》み着いているからです。それは、「変わらない」生き方を繰《く》り返させていて、いわば「変わりたくない症候群」と言えるほど、至《いた》るところに蔓延しているのです。

政治——足並《あしな》み揃《そろ》わぬ改革

例えばわが国の政治情勢《じょうせい》——。山積《さんせき》する課題の数々、長引く消費低迷、保険や年金の破《は》綻《たん》……、その一つ一つは、「変わる」ことを私たちに呼びかけ続けています。それにもかかわらず、「外が変わるのはいいけれど、私は変わりたくない」「他人《ひと》に変わってほしい」「事態が変わってほしい」「自分に都合よく事態が進んでほしい」と、自分の利権を手放《ばな》すことを拒《こば》み、周《まわ》りに変革を要請《ようせい》する抵抗《ていこう》がそこここに現れています。「聖域《せいいき》なき構造《こうぞう》改革」が謳《うた》われながらも、その突破口《とっぱこう》がいまだ見つからず、議論の足並みが揃わない状況が続いていることは、読者の皆さまもご存じのことと思います。

小中学生の不登校《ふとうこう》

また、二〇〇〇年度の一年間で三十日以上、学校を休んだ小中学生が約十三万四千人に上ったことが、文部科学省から公表されました。不登校の調査が始まって以来、九年連続で増《ふ》え続け、過去最多を更新《こうしん》したと言われます。もちろんその原因として、縁《えん》となっている家庭や学校、友人関係に問題があるという場合も少なくはありません。しかし、不登校の年々の増加を考えると、それだけが原因とは言えないはずです。

子どもたちは、学校で初めて本格的に家庭とは違う社会に出会います。その意味では、子どもたちにとって、学校に通《かよ》い集団生活を行うということは、家の中で過ごしてきたこれまでの状態から「変わる」ことを要請《ようせい》される始まりとも言えるでしょう。そのまなざしから不登校を見つめるならば、変われない小中学生の増加は、日本の未来を支《ささ》える最《もっと》も若い世代の中で、「私は変わりません」という症候群《しょうこうぐん》が進んでいるということを示唆《しさ》しているのではないでしょうか。

フリーターの増加

それでは、高校や大学を卒業した若者たちの場合はどうでしょうか。ある顕著《けんちょ》な傾向が報告されています。それは、正社員として就職せずにアルバイトやパートの仕事を繰《く》り返す若者、いわゆるフリーターの増加です。二〇〇一年三月に、四年制の大学を卒業した学生の中で、就職も大学院進学もしなかった人数が、十一万六千人、つまり全体の約二一・三パーセントということになります。もちろん、就職難という社会情勢の影響もあるでしょう。けれどもフリーターになる学生の多くは、「嫌《いや》なことがあれば辞《や》めればいい」という安易《あんい》な発想が前提になり、その道を選んでいる場合が少なくないということです。

離職率《りしょくりつ》の増加

また、ひとたび就職をした若者たちはどうかと言えば、その離職率は、この数年で増加しています。例えば、厚生労働省の調べでは、就職後三年までに、中卒者の七割、高卒者の五割、大卒者の三割が離職しています。通例、就職して三年で取得できる技術は、仕事を遂行《すいこう》してゆくには決して十分とは言えません。むしろ、仕事に慣《な》れ、さあ、本格的に……という段階で放棄《ほうき》することになります。その意味では、未熟練《みじゅくれん》労働者が続々と社会に漂流《ひょうりゅう》してゆく。もし、そのままの状態が継続《けいぞく》してゆくならばどうでしょう。日本の技術力は衰退《すいたい》し、年金などの社会保障制度にも大きな影響を与《あた》えることになります。

仮想《かそう》世界での恋愛

昨今、インターネット上の「出会い系《けい》」と呼ばれるサイトに関わる犯罪が問題となっていますが、そこではコンピュータ・ネットワークがつくり出す仮想世界での恋愛体験も話題になっています。現実に出会って付き合うなら、どうしてもお互いにぶつかることも多く、その関係の中で「変わる」ことを自動的に要請《ようせい》されるわけです。しかしコンピュータ上での仮想的な付き合いならば、「自分は変わらない」で済みます。自分は変わらないまま、恋愛気分だけをそこで楽しむことができるという感覚を求めているということではないでしょうか。

なぜ集う「出会い系サイト」

メールと現実に揺れる女性たち

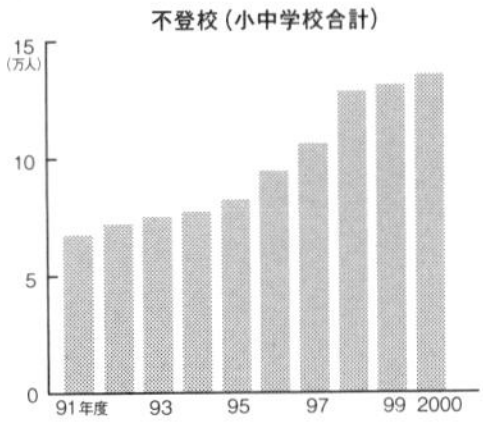

不登校の推移

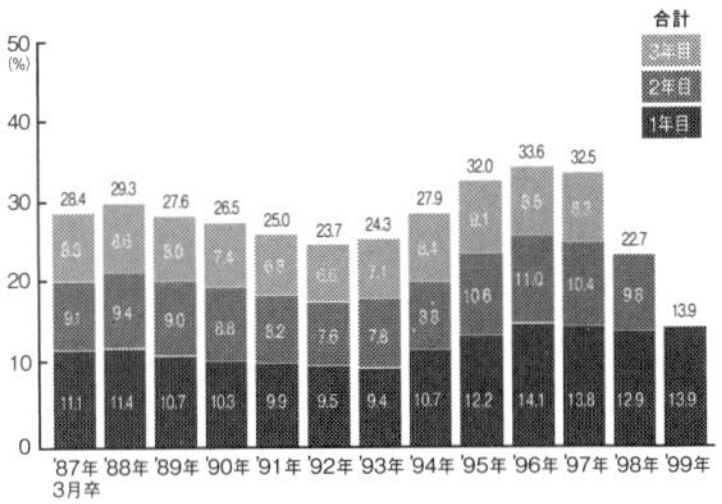

大卒就職者の入社3年以内の離職率

旧労働省職業安定局「新規学卒就職者の在職期間別離職率の推移」報告（平成12年4月現在）より

これまでの生き方を一方的に続けてしまう「私は変わりません」という生き方が、症候群とも言えるほど蔓延している。

このように、小中学生や大学生から、新社会人に至《いた》るまで、共通していることがあります。それは、「変わる」ことを要請されたら、「拒否できる」立場にいたい、ということです。フリーターもそうですし、就職をしないことも、わずか数年で離職するということも、その現れではないでしょうか。

そのほか、子育てを放棄《ほうき》する親の増加、出生率《しゅっしょうりつ》の低下……など、その背景にも「私は変わりません」という生き方が見え隠《かく》れしているように思うのです。

10　変わらなかった敗者たち

恐慌《きょうこう》のきっかけとなった「私は変わりません」

歴史には、「私は変わりません」を生きた、多くの人物の足跡《そくせき》も刻《きざ》まれています。優《すぐ》れた資質《ししつ》を持ちながらも、「変わる」ことができなかったために深化や調和をもたらすことができなかった敗者たちが、痛恨《つうこん》の足跡を残しているのです。

例えば、一九二〇年代のアメリカ合衆国の大統領たち。当時、アメリカは、共和党《きょうわとう》政権のもとで、空前《くうぜん》の物質的繁栄《はんえい》に酔《よ》いしれていました。株や土地への投機《とうき》のブームが続き、建築競争が激化するとともに、誰《だれ》もが自動車を持ち、大勢の若者が大学の門に殺到《さっとう》し、老いも若きも海外旅行に熱中する――。しかし、そのような「黄金《おうごん》の二〇年代」と言われるほどの繁栄の頂点にあって、一方でアメリカの農業部門は不況《ふきょう》が続き、購買力は下がるばかりでした。紡績《ぼうせき》工業や石炭工業も不振《ふしん》で、技術の進歩に伴《ともな》う失業が増大していました。

そして、個人の負債《ふさい》はむしろ増加し、信用取引はいつ破綻《はたん》するか分からない状態にありました。まさに、当時のアメリカ人は、繁栄と窮乏《きゅうぼう》の限界にあったのです。

そのような中で大統領となったハーディング、クーリッジ、フーヴァーの三人は皆、大企業寄りの共和党の大統領でした。ハーディング時代のホワイトハウスは、汚職《おしょく》にまみれ、まるで酒場のようなムードで、大統領の若い愛人がクローク・ルームに隠《かく》れていても一向におかしくなかったほどだったと言われています。また、ハーディングの急死の後を受けて大統領となったクーリッジは、何も言わない、何もしないことをモットーとし、「動かぬことを芸術の域まで高めた男」とまで言われた大統領でした。さらに、一九二九年三月の大統領就任演説《しゅうにんえんぜつ》で、フーヴァーは、「私はわが国の前途に不安を覚《おぼ》えない。それは希望に輝《かがや》いている」と、「永遠の繁栄」を国民に約束しました。しかし、現実には、わずか半年後の一九二九年十月二十四日、ニューヨーク・ウォール街の株式取引所の株価大暴落《だいぼうらく》を引き金に、世界恐慌が起こったのです。

好況《こうきょう》が続き、経済的にも体力のあるときだからこそ、社会基盤を整備し、未来に備《そな》えることもできたのに、あるいはまた、行き過ぎた投機熱を冷《さ》まし、適切な対策を講《こう》じることもできたのに、ただ汚職と沈黙《ちんもく》の中にあった大統領たち――。まさに彼らの「私は変わりません」の姿勢が、大恐慌の一つのきっかけとなり、その被害を大きくしたと言ってもよ

世界恐慌（ウォール街株の大暴落1929年）

「私は変わりません」という生き方は、歴史上、
数多くの混乱と悲劇を生んできた。

いでしょう。

風流天子《ふうりゅうてんし》――亡国《ぼうこく》の皇帝《こうてい》

また、中国、北宋《ほくそう》の八代皇帝となった徽宗《きそう》（一〇八二〜一一三五）は、即位《そくい》当初、力のない民衆は国が保護しなければならないと口癖《くちぐせ》のように語り、保護施設や病院をつくり、援助を行うなど、民衆のために心を砕《くだ》いて善政《ぜんせい》を行いました。その甲斐《かい》もあってか、北宋は長らく繁栄《はんえい》と平和を謳歌《おうか》することになりました。

ところが、もともと書画《しょが》など芸術家としての才能に恵まれていた徽宗は、やがて政治を部下の蔡京《さいきょう》などに任《まか》せ、自らは芸術の世界に没頭《ぼっとう》し、徐々に国政を省《かえり》みなくなってしまったのです。それればかりか、珍《めずら》しい動植物を集め、大自然公園をつくるために何千人もの民衆を徴発《ちょうはつ》するとともに、書画や骨董品《こっとうひん》など美術品の収集《しゅうしゅう》のために莫大《ばくだい》な税金を徴収《ちょうしゅう》しました。民衆の生活は窮乏《きゅうぼう》し、街《まち》には怨嗟《えんさ》の声が溢《あふ》れてゆきます。しかし、最早《もはや》徽宗の目には民衆の苦しむ姿は映《うつ》らず、その耳には民衆の苦しむ声も届《とど》きませんでした。ついに民衆は蜂起《ほうき》しました。そんな折、北方では時を同じくして異民族の金《きん》が興《おこ》り、首都開封《かいほう》はあっという間に滅《ほろ》ぼされ、廃墟《はいきょ》と化してしまったのです。

拉致《らち》された徽宗は、満州《まんしゅう》の原野を引き回されて八年、失明《しつめい》の後、五十三歳で病死しました。

一国のリーダーとなりながらも、その責任を引き受けることなく、自らの小さな趣味の世界に閉《と》じこもる生き方――「私は変わりません」の生き方がもたらした悲劇と言えるでしょう。

「自分こそ身の大敵《たいてき》であり、身の不幸のつくり手だった」

あるいは、歴史上で最《もっと》も活力に満ちた人物の一人とされるナポレオン・ボナパルト（一七六九～一八二一）。文豪《ぶんごう》ゲーテは、彼を最も生産的な人間の一人に数え、哲学者ショーペンハウエルもナポレオンと会見した後に「ボナパルトこそ、人間の意志を最もよく示している」と賞賛《しょうさん》したほどでした。

しかし、そのナポレオンは、フランス革命に続く一連の混乱を収拾《しゅうしゅう》し、王政を続ける周辺国の介入《かいにゅう》からフランスを守ることに尽《つ》くしながら、やがて、とどのつまりは島流しに遭《あ》い、孤独のうちに人生の終焉《しゅうえん》を迎《むか》えなければなりませんでした。

「自分こそ身の大敵であり、身の不幸のつくり手だった」と語ったその言葉通り、ナポレオンは自《みずか》らの思念《しねん》と行動によって、自分自身を追い込んでしまったのです。それはつまり、事態からの呼びかけを受けていたにもかかわらず、「私は変わりません」の姿勢で生き続けていたということでしょう。

それは、武士として中世への扉《とびら》を開き、栄華《えいが》を極めながらも、「驕《おご》れる平氏《へいし》は久《ひさ》しからず」と言われるほど瞬《また》く間に滅《ほろ》んでいった、わが国の平家《へいけ》にも共通する敗北の原因だったのです。

11　変わりたいのに変われないのはなぜか

変われない理由は、これだった！

変わりたいと思っているのに――。新しい自分になりたいと思いながら「変わる」ことがなかなかできない。これまでにも新しい歩みを始めようとしてきたあなたにとっては、「どうして変われないのか」という疑問が頭をもたげているのではないでしょうか。

怒《おこ》りっぽい人がやさしくなろうと思っても、自分の気に入らないことがあるとつい怒ってしまう。怒るのを止《や》めることができない。自分の消極性が嫌《いや》で、積極的になりたいと思っていても、いざその場面になると気持ちが後ずさりしてしまう。あるいは、失敗から本当に反省し変わろうと決意したはずなのに、また同じ失敗を繰《く》り返してしまう――。変わりたいと思っている自分の中に、変わりたくない、変わろうとしない別の自分がいるかのようです。

まさにその通りなのです。「変わりたい」と思っている自分を差《さ》し置いて、「変わろうとしない」自分が勝手《かって》に行動してしまっているからではないでしょうか。「変わりたい」という自分の意志以上に強い力で、これまでの自分の言動《げんどう》がまるで機械のように自動的に繰り返されてしまうのです。

人間が生きるということは、出来事や事態を感じ・受けとめ、自分の中で思い考えて言動を発《はっ》し、現実を生み出すということです。日々私たちはそれを数え切れないほど繰り返しています。そして、それぞれの物事の感じ・受けとめ方、思い考え方、言動の仕方は、一つの特徴《とくちょう》と傾向を抱《いだ》いた習慣《しゅうかん》となり、自動的な回路となって定着《ていちゃく》しているのです。時を経《へ》れば経るほど、それは確定し強固なものになってしまいます。

ということは、どんなに「変わりたい」と思っていても、その定着してしまっている回路を切り替《か》えなければ「変わる」ことはできないということでしょう。自分自身の事態の感じ・受けとめ方を変えることができなければ、そしてそこから生まれる発言や行為を具体的に変えることができなければ、「変わりたい」という自分の願いや希望を成就《じょうじゅ》させることは絶対に叶《かな》わないのです。

つまり、「変われない」のは、「変わりたい」気持ちがいくら強くあっても、現実に自分の感じ・受けとめ方、考え・行為の仕方が変わっていないからなのです。

ここに変わるための核心《かくしん》がある

それを「受発色《じゅはつしき》」という言葉を通して解明してみます。「受」とは、心の受信のはたらきであり、感じ・受けとめること。「発」とは、心の発信のはたらきであり、思い考え、言動として現すこと。「色」とは、仏教において現実、現象《げんしょう》を表す言葉です。人は、受信し発信して現実をつくり、その現実をまた受信し発信して新たな現実をつくる。「受」→「発」→「色」→「受」→「発」→「色」→「受」……と繰《く》り返してゆくということです（次頁参照）。

人間が関わるあらゆる現実は、この受発色のトライアングル（三角形）によるものです。世界を感受《かんじゅ》し、自分の発想を基《もとい》として、言葉を発《はっ》し行動を起こし、一切《いっさい》の現実を生み出している——。人間はこの受発色以外、何もしていないと言っても過言《かごん》ではありません。

受信・発信が歪《ひず》みを抱《かか》えていれば現実も歪まざるを得ません。そして、受発色に必ず何らかの歪みを抱えているのが私たち人間です。例えば、怒《いか》りに呑《の》み込まれやすい人は、他者不信が強く、そのために受信からすでに拒絶的なことが少なくありません。もともと自分は正しく評価されていない、不当な扱《あつか》いを受けていると思い込んでいるのです。そのように拒絶的に受信し、頑固《がんこ》に正論《せいろん》で発信するために、その結果として事態はますます硬直《こうちょく》

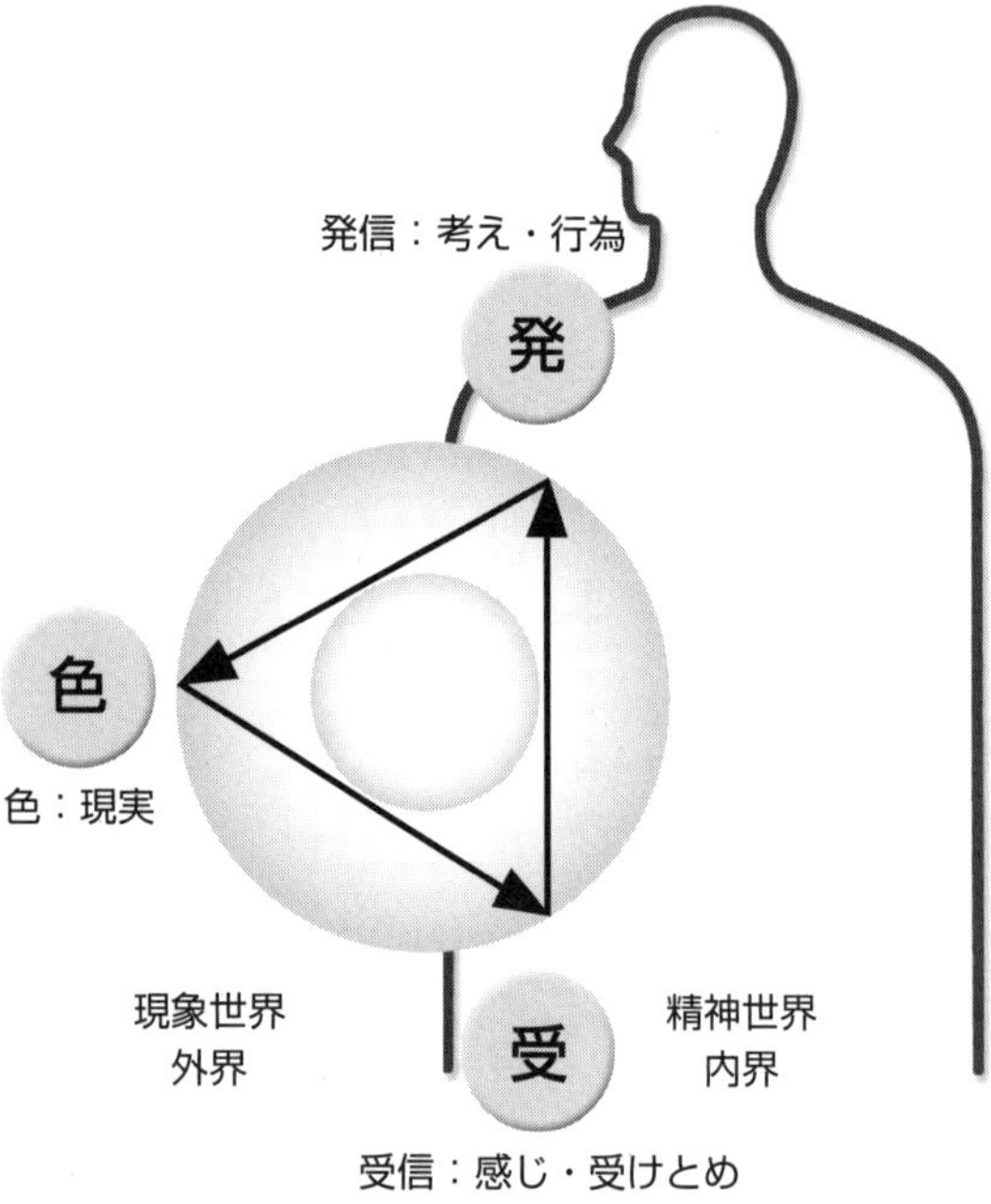

受発色のトライアングルが一切の現実をつくり出す。

化《か》してしまうのです。

実は受発色の恐《おそ》ろしさは、自分の傾向から生まれたその硬直化した現実によってさらに、他者不信の想いや拒絶的な受信が強められてゆくという点にあるのです。いわば自家《じか》中毒《ちゅうどく》のように、自らの歪みが増幅《ぞうふく》されてしまうのです。傍《はた》から見てその見方、考え方、言動の仕方がいくらおかしくても、その本人は絶対に正しいとしか思えない。このようにして受発色のトライアングルは、自動的にグルグルと回転し、その傾向が強まってゆくことになります。

重要なことは、そうした受発色が一人ひとりの人格そのものになっているということです。つまり、「変わる」ことを望むなら、具体的に受信・発信を変革しなければその目的は絶対に果《は》たされないということなのです。

しかし、それはまた逆に、受発色が変われば、私たち人間は必ず「変わる」ことができるという希望を示しているのです。

12　どうしたら変われるのか

無自覚な「受発色《じゅはっしき》の回路」を自覚する

人間の人格をつくり出し、行動を生み出しているのは、心のはたらきである受信と発信による受発色のトライアングルです。この「受発色」の受信・発信を変革すれば、必ず私たちは「変わる」ことができます。

けれども、見落としてはならないことは、私たちが自分の受発色に対して、決して自律《じりつ》的ではなく、十分な関心も払《はら》っていない、むしろ「無自覚」そのものであるという点です。ですから、「変わる」ためにはまず、自分自身の「受発色」の回路を知ることがどうしても必要なのです。

その受発色の回路には、大きく言えば以下の四つがあります。「自分の受発色は一体どうなっているか」を考えながら、自分の回路を摑《つか》んでみましょう。

快《かい》・暴流《ぼうりゅう》＝独《ひと》りよがりの自信家の傾向

世界に対して、特に自分に対しては肯定的《こうてい》で「快」と受けとめることが多く、エネルギッシュな人は、快・暴流の「自信家」の傾向を持っています。あなたは周囲から「やり手でエネルギーがある」と言われているのではないでしょうか。

この傾向を持つ人は、例えば「自分ほど分かっている人間はいない」という優位《ゆうい》の気持ちで他人《ひと》と接《せっ》し続けています。また、望ましくない状況があっても歪曲《わいきょく》して自分の都合《つごう》のいいように受け取ってしまいます。「自分の言う通りにしていれば大丈夫《だいじょうぶ》、私に任《まか》せておきなさい」という気分。そこで興奮と手応《ごた》えを覚《おぼ》え、自分の考えに酔《よ》ってしまうことも珍《めずら》しいことではありません。自己中心的な傾向が強く、他人のことを軽んじるために、しばしば孤立《こりつ》の現実を生じさせてしまいます。これらの快・暴流の傾向は「独りよがりの自信家」という偽我《ぎが》（本当の自分＝真我《しんが》に対して偽《いつわ》りの自分）の人格が現れたものです。

苦《く》・暴流《ぼうりゅう》＝恨《うら》みの強い被害者の傾向

世界や他人《ひと》に対して否定的で、「苦」と受けとめることが多く、攻撃したり非難したりすることがよくある人は、概《おおむ》ね苦・暴流の「被害者」の傾向を抱《いだ》いています。この傾向を持つあなたは、周囲の人たちから丁重《ていちょう》に接してもらえますが、一方では同時に敬遠《けいえん》されてきたのではないでしょうか。

この傾向は「ことさら怒《いか》りの感情に呑《の》み込まれやすい」という一面を持ち、いつも、自分は正しいのに周囲の人間からマイナスを被《こうむ》っていると感じています。自分の意見や考えを聞いてもらえなかった、認められなかったと感じると、すぐさま湧《わ》き上がってくる理不《りふ》尽《じん》だという気持ちに呑み込まれることが多いのです。そのような人から発《はっ》せられるピリピリとした気配《けはい》によって、場は緊張し硬直《こうちょく》してしまいます。でもそれが分かっていても、そして、どれほど周囲から敬遠されても、自分の感情をコントロールすることはなかなか困《こん》難《なん》なのです。こうした苦・暴流の傾向は、「恨みの強い被害者」という偽我《ぎが》の人格が現れたものです。

苦《く》・衰退《すいたい》＝あきらめに縛《しば》られた卑下者《ひげしゃ》の傾向

自分に対して自信が持てず、自分を卑下する想いに支配されているなら、まずあなたは苦・衰退の「卑下者」の傾きを抱《いだ》いている人です。あなたは周囲から「引っ込み思案《じあん》で大人《おとな》しい人」と見られているでしょう。

事態に対しても概《がい》して悲観的で、否定的な想いばかりが浮かんでくるため、いろいろ心配して「難《むずか》しい」という結論を出すのです。進むよりは後退する方を、決断よりは逡巡《しゅんじゅん》を、行動よりは何もしないことの方が望ましいとしか感じられず、結果として消極的な選択をしてしまいます。苦・衰退の傾向は「あきらめに縛られた卑下者」という偽我《ぎが》の人格が現れているものです。

快《かい》・衰退《すいたい》＝自己満足の幸福者《こうふくもの》の傾向

一方、逆にもし、あなたが基本的に、世界に対して人に対して肯定《こうてい》的な気分を持ち、すぐに満足しやすいのなら、快・衰退の「幸福者」の傾向を持つ人です。あなたはどこでも「穏《おだ》やかでいい人」と言われてきたのではないでしょうか。

「常に世界は自分を受け入れてくれる」という漠然《ばくぜん》とした安心感を抱《いだ》いているかもしれません。「好意をもって接すれば分かってくれるだろう」「よく話をすればきっと理解してくれる」と思っている。「失敗や足りないところがあっても誰《だれ》かに助けてもらえばいいし、できなくてもまあ、何とかなるだろう」と思えてしまうのです。この快・衰退の傾向は「自己満足の幸福者」という偽我《ぎが》の人格が現れているものです。

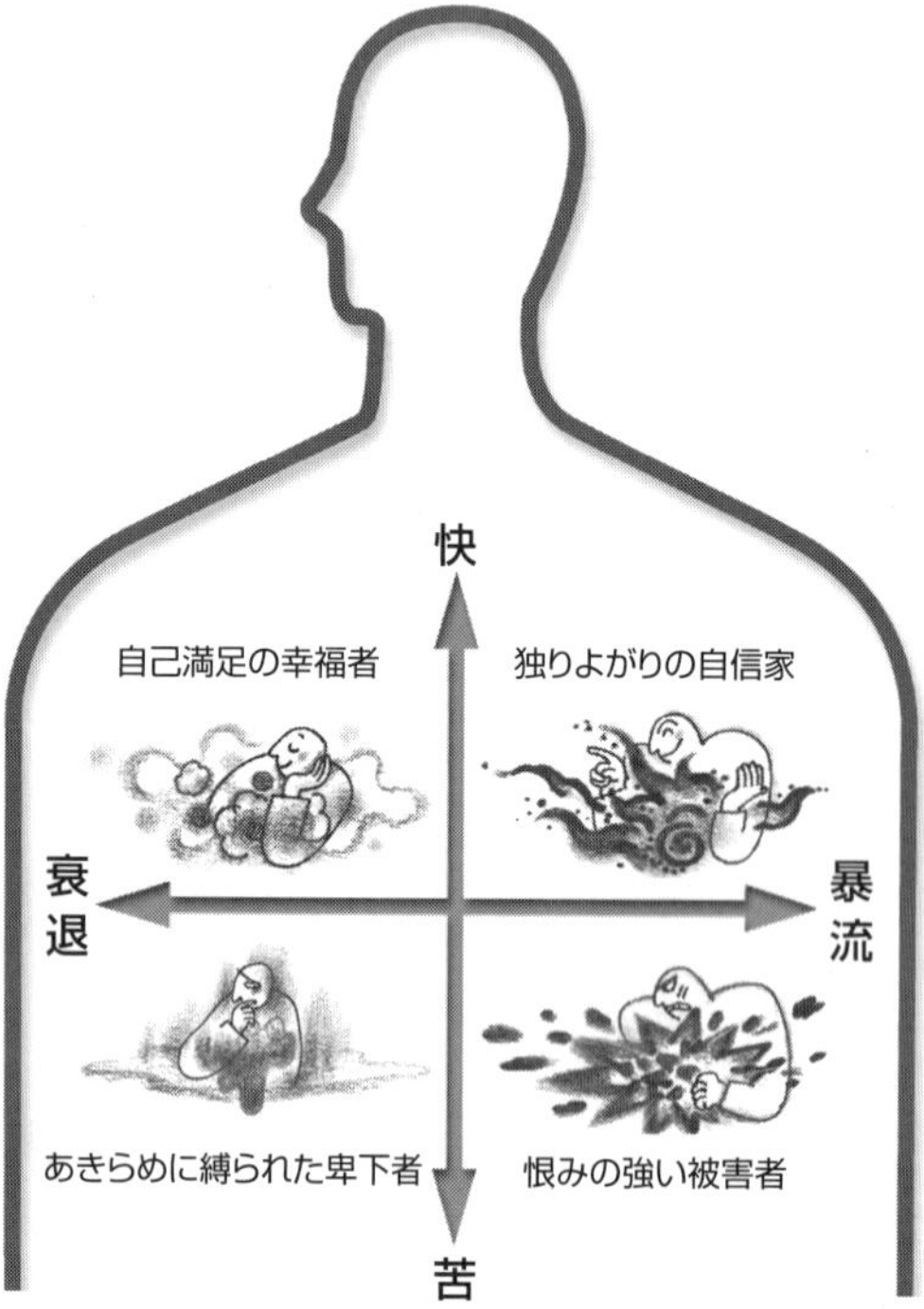

誰でも四つの偽我のいずれかの傾向を抱いている。

以上の四つの傾向を自分自身に照《て》らせば照らすほど、読者にとってそれは他人事《ひとごと》ではないことが分かるでしょう。恐《おそ》らく、この中の少なくとも一つは、あなた自身が実際に持っている傾向に違いありません。そして、その傾向はそのまま変革すべき目標なのです。ただ、先述《せんじゅつ》したように、私たちは自分の思い込みの中で自分のことを見つめるために、正しく捉《とら》えることができない場合もあります。むしろあなたをよく知る人に判断してもらう方が正確かもしれません。

さらに確実に自分の受発色《じゅはっしき》の回路、偽我の人格を知りたい方は、巻末《かんまつ》の自己診断チャート（一六三頁参照）に取り組んでみて下さい（四つの偽我の詳細《しょうさい》については、小著『新しい力』第二章・三章をご参照下さい）。

もう一度、繰《く》り返しましょう。人はどうしたら変わることができるのか。それは、それぞれが抱く「受発色」を変革すること。「変わる」ことの中身は、まさに受発色が「変わる」ということです。そのために絶対に不可欠《ふかけつ》な第一歩は、自らの受発色の回路を知るということなのです。

13 「変わる」道は、人それぞれ

変わり方を間違えると、大変なことになる！

私たちと世界との関わり方、すなわち「受発色《じゅはっしき》」には四つの傾向があります。ということは、私たちが「変わる」道すじにも、それぞれの傾向に応《おう》じた四つの「変わり方」があるということなのです。変わろうと思っていろいろ努力しても、なかなか変われないとすれば、自分の傾向に応じた適切な「変わり方」ではなく、「変わり方」を間違えているということが考えられます。

例えば、快《かい》・暴流《ぼうりゅう》＝「自信家」の傾向を持っている人は、よくも悪くもエネルギーがあり、「もっともっと」「あれも欲《ほ》しい。これも欲しい」と「欲得《よくとく》」の想いから、どんどん貪《むさぼ》って拡大してゆく傾向があります。しかし、もしこの傾向を自覚しないで「自分を変えるぞ」と一念発起《いちねんほっき》しても、頑張《がんば》れば頑張るほどますます周囲から孤立《こりつ》して、「無理」な現実が生まれてゆくことになります。この「自信家」の人にとっては、欲得の想いを捨《す》てて

「無私《むし》」になること、そして、あれもこれもと貪るのではなく、「簡素」になって不必要なものは捨てたり、あきらめたり、断念《だんねん》することこそが「変わる」道をつけてゆくことになるのです。

一方、この快・暴流＝「自信家」の傾向とはまったく反対の傾向を持つ苦《く》・衰退《すいたい》＝「卑《ひ》下者《げしゃ》」の人が「変わる」ために必要なことは、むしろ、あきらめないこと、断念しないこと、捨てないことです。衰退しそうになるエネルギーを自ら喚起《かんき》し、どんどん積極的に挑戦することです。この回路の受信の特徴《とくちょう》は、どんなこともまず「恐怖」で受けとめてしまうということです。そして、自己不信や恐怖が前提にあるために、その発信はどうしても「逃避《とうひ》」の傾向を帯《お》びてきます。消極的になり、引いてしまう行動を取るわけです。

ですから、自分をしっかり持って「自律《じりつ》」的な受信を心がけ、逃げず、あきらめず、引き受ける発信を習慣《しゅうかん》づけることこそ「私が変わります」の実践になるのです。

では、苦《く》・暴流《ぼうりゅう》＝「被害者」の傾向を持つ人にとっての「変わる」道はどうでしょうか。「被害者」の特徴的な受信の傾向は「拒絶《きょぜつ》」です。他者を切って、頑《かたく》なに自分の道を行こうとするのが自然になっていますので、相手を受け入れる「受容《じゅよう》」や「共感」を心がけることが何よりも重要になってくるわけです。自分の意見を横に置いて、相手の意見に耳を傾《かたむ》けることが、「私が変わります」の実践になるということです。

この「被害者」と反対の傾向を持つのが快《かい》・衰退《すいたい》＝「幸福者」ということになりますが、「幸福者」は相手に「依存《いぞん》」をし、相手と「契約《けいやく》」をするという関わり方が自然であるため、自分はどうしたいのか、何が自分の願いであるのか分からなくなってしまうわけです。ですから、まず、他人《ひと》に合わせるのでなく、「自分は何を願っているのか」と「回帰《かいき》」して、自分を取り戻《もど》すことが何よりも重要です。先ほどの「被害者」は自分の意見を横に置くことが必要でしたが、「幸福者」は、逆に自分の意見や願いをきちんと持ち、それを「率直《そっちょく》」に語るということが実質的な「私が変わります」の実践になるのです。

「汝自身《なんじじしん》を知れ」

このように、それぞれの受発色《じゅはっしき》の回路によって、「変わり方」はまったく違うということです。

「こんなに一生懸命《いっしょうけんめい》やっているのにどうして道が開かれないんだろう」と思うことがあるとすれば、それぞれの回路が「変わる」のではなく、それぞれの回路は「変わらないまま」、逆にその回路を強めてしまうような頑張《がんば》り方をしている可能性が大なのです。

ですから、まず何よりも、自分の受発色の回路をあるがままによく知ることが、すべてに優先して必要なことになります。正しい診断が適切な治療に結びつくように、自分をあるがままに知っただけ、人は本当に「変わる」ことができるということです。

この自己診断を自分で行うために「止観《しかん》シート」（一六七頁参照）という、心を「止《と》めて観《み》る」ためのシートがあります。「もっと自分を知りたい。もっと自分を深く見つめたい」と思われる方にお勧《すす》めします。日々自分が行っている受発色の傾向を知り、変わる手がかりを摑《つか》むことができるでしょう（詳しくは、小著『グランドチャレンジ』二九三頁をご参照下さい）。

古代ギリシアの神殿《しんでん》には「汝自身を知れ」という言葉が刻《きざ》まれていたことが知られています。それは人間に対する警句《けいく》です。古来より、「自《みずか》らを知る」ということは、それだけ大切なことであると同時に容易《ようい》なことではなかったということでしょう。それはすべての道のアルファであり、オメガであると私は思うのです。

「自らを知る」ことによって明らかになった四つの傾向のそれぞれに対して、どのように「変わる」ことができるのかという道があります。大切なのは、具体的に実践してみることです。そうすれば、必ず「変わる」ことができるでしょう。なぜなら、一人ひとりの内には、かけがえのない個性を抱《いだ》いた魂という本体《ほんたい》が厳然《げんぜん》と存在しているからです。「変わる」とは、その本質を覆《おお》っているヴェールをディスカバーし（外《はず》し）、本質を顕《あら》わにしてゆくことにほかならないのです。

14 快《かい》・暴流《ぼうりゅう》＝「自信家」はこう変わる

「自信家」が抱《いだ》く真の個性と秘《ひ》められた力

「私が変わります」を実践しようとするとき、何よりも大切なことは、変革のイメージをまずしっかりと描《えが》くことです。そのために、それぞれの偽我《ぎが》（偽《いつわ》りの自分）の奥にどのような可能性、個性の光が眠っているのかを心に刻印《こくいん》することが大変重要になります。

快・暴流＝「独《ひと》りよがりの自信家」の傾向の人が本来抱いている真の個性、真我《しんが》（＝本当の自分）とは、一体どのような可能性を持っているのでしょうか。

何よりもまず「明るさ」「元気」「エネルギー」の輝《かがや》きでしょう。また、皆が意欲を失っていて、場が停滞《ていたい》しているときに、その停滞した空気を払《はら》うような「ヴィジョン」を提示して、「意欲」を喚起《かんき》し、場を「飛躍《ひやく》」させる力を持っています。過去のしがらみや停滞した現実、当然となっているような前提を超える「超越《ちょうえつ》」するまなざしを抱いているのです。

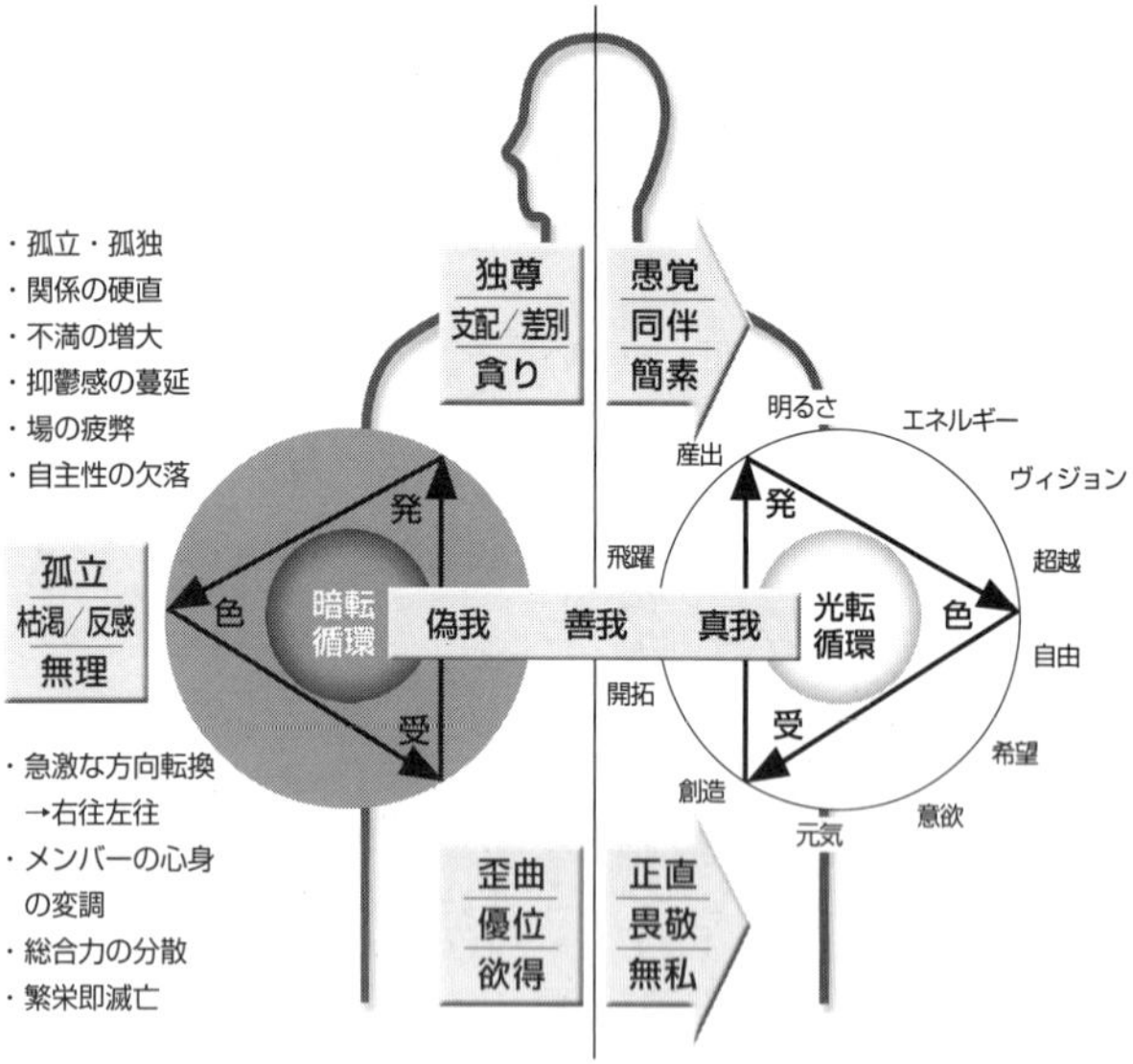

快・暴流＝「自信家」は、受発色をこう変革することができる。

その他、新しいものを「創造《そうぞう》」したり「産出《さんしゅつ》」してゆく力。道なきところに道を切り開く「開拓《かいたく》」の力を可能性として秘めています。そして、どんなに大変な問題や辛《つら》い現実があっても、「自由」に生きることができる——。厳しい状態や閉塞《へいそく》状況にあろうとも、常に胸の内に「希望」を抱き、その希望の光を関わる人々に与《あた》えてゆくことができるのです。

シュヴァイツァーとカーネギーが放《はな》った光

こうした「自信家」の真我《しんが》の光を発《はっ》することのできた人物には、アルベルト・シュヴァイツァー（一八七五〜一九六五）や鉄鋼王アンドリュー・カーネギー（一八三五〜一九一九）などがいます。

シュヴァイツァーは、二十代にしてすでに少壮《しょうそう》の神学者《しんがくしゃ》であったと同時に、世界的に活躍するバッハ作品のオルガン奏者でした。自らの内に渦巻《うずま》く芸術的な衝動《しょうどう》を音楽を通じて表現することへの強い欲求を抱《いだ》いた青年として、自己表現や自己の実現に多くのエネルギーを注《そそ》いでいたのです。しかしもっと多くの人々のために尽《つ》くしたいという疼《うず》きを抱《かか》えていたシュヴァイツァーは、三十歳になったとき、それまでの一切《いっさい》のキャリアをなげうって、医学を一から学ぶ学生に戻《もど》ってしまうのです。そして医師としてアフリカの医療にそ

シュヴァイツァー

カーネギー

快・暴流の「自信家」が、その真の個性を発揮するとき、
創造、開拓、飛躍、希望などの力を現すことができる。

の後の人生をかけて尽くすのです。芸術の「創造《そうぞう》」に関わりながら、その中心を自分から人々へと転換し、さらにはアフリカで苦しむ民衆の医療を「開拓《かいたく》」し「飛躍《ひやく》」させたシュヴァイツァーは、まさにこの快《かい》・暴流《ぼうりゅう》の真我の光を発したと言えるでしょう。

そして、カーネギーもまた、貧《まず》しい生い立ちの中から苦労を重ね、世界一の鉄鋼会社を築《きず》き上げながら、その一切の権利を売り渡し、その後の人生を慈善《じぜん》事業に捧《ささ》げるという転換の足跡《そくせき》をしるしています。カーネギーが各地に寄贈《きぞう》した公共図書館の数だけでもおよそ三千という多大な貢献《こうけん》をし、その事業展開は「エネルギー」と「ヴィジョン」に満ち溢《あふ》れ、多くの人々に「希望」をもたらすものだったのです。

「自信家」の可能性を閉《と》ざす受発色《じゅはっしき》

しかし、せっかくのそうした可能性も、生まれっ放《ぱな》し育ちっ放しのまま生きている限り、十全《じゅうぜん》に発揮《はっき》されないまま終わってしまうことになります。その可能性を閉ざしているのが、偽我《ぎが》の受発色なのです。

その受発色には図（九六頁参照）のようなトライアングルの回路があるのですが、ここではそのうちから特徴《とくちょう》的な回路を一つ取り上げながら、具体的に見つめてみたいと思います。

「自信家」の偽我が示す受発色のトライアングルの一つに「歪曲《わいきょく》」→「独尊《どくそん》」→「孤立《こりつ》」があります。それはまず、受信に事実を歪《ゆが》める「歪曲」がはたらくことから始まります。もちろん本人は歪曲しているとは思っていませんが、周《まわ》りからはよく分かります。特に、Ｎｏ《ノー》が突《つ》きつけられたときにそれが顕著《けんちょ》になります。例えば問題を指摘《してき》されたり、失敗してしまったときでも、「あの人は自分を妬《ねた》んでいるに違いない」とか、「うまくいかなかったのはたまたま間《ま》が悪かったからだ」というように自分に都合《つごう》のよいように解釈を施《ほどこ》してしまうわけです。

世界からのＮｏを「歪曲」してしまう受信は、次に「独尊」の発信へとつながります。都合のよい現実しか見えないために、自分のやり方を絶対だと思ってしまうのです。「よーし、任《まか》せてくれ」「俺《おれ》がやれば何とかなる」と、周りの意見に耳を傾《かたむ》けることなく、自分の思い通りにどんどん事態を独善的に進めてゆきます。そうした発言や行動は、必然的に場の中で一人浮《う》いてしまい、「孤立」の現実を生むことになるのです。

他にも、「自信家」のトライアングルとして「優位《ゆうい》」→「支配／差別」→「枯渇《こかつ》／反感」、「欲得《よくとく》」→「貪《むさぼ》り」→「無理」などがあります。

この「自信家」の受発色の回路に支配されるとき、思わず心の中でつぶやいている言葉があります。「自分は分かっている」「自分はできる」「私は特別」「私に任《まか》せてくれればもっとうまくやる」「俺の出番だ」等々の自己過信に満ちた言葉です。

こうした「自信家」の周囲には、次第に不満が増大したり、抑鬱感《よくうつかん》が蔓延《まんえん》します。メンバーは自主性を失い、場が疲弊《ひへい》してしまう。さらに、独善的に急激な方向転換を行うことが多い「自信家」の周辺は右往左往《うおうさおう》させられて、総合力が分散するのです。本人としてはいいと思って懸命《けんめい》に頑張《がんば》れば頑張るほど、なぜか周囲から孤立してゆくという不本意な結果を招《まね》くことになるのです。

「自信家」の「私が変わります」

「自信家」の「私が変わります」として、まず重要な一歩となるのは、自分の想いや行為に対して常に「ちょっと待てよ」とストップをかける習慣《しゅうかん》をつけるということです。自己過信があるため、無自覚にどんどん想いや行為を進めていってしまうからです。

そして、その変革の要《かなめ》になるのは、「自分はできる」「自分は分かっている」といった「自信家」の思い込みを離《はな》れて、いかに他人《ひと》の声に耳を傾《かたむ》けることができるかということにあります。

この「自信家」の受発色《じゅはつしき》を本当に変革してゆこうとするなら、例えば都合《つごう》よく事態を捉《とら》える「歪曲《わいきょく》」をあるがままの「正直」で受けとめることへ、自分を絶対視して「独尊《どくそん》」的に振舞《ふるま》うことを、自分の足りなさを自覚する「愚覚《ぐかく》」の行動に変える必要があります。ほかにも、「優位」「欲得」の受信を「畏敬《いけい》」「無私《むし》」に転換し、発信における「支配／差別」「貪《むさぼ》り」を、「同伴」「簡素」へと転換してゆくことがその本質的な変革につながるでしょう。こうした善我《ぜんが》（＝自分を客観的に見つめ生きる自分）を育《はぐく》むことによって、偽我《ぎが》の覆《おお》いが取られ、真我《しんが》の輝《かがや》きが現れるのです。

その変革を確かなものにするために「行《ぎょう》」に取り組む場合は、自分を横に置いて虚心《きょしん》に人の話に耳を傾ける「聞く行」、相手の身になって、その人に同伴《どうはん》する「同伴の行」、見えないところで支《ささ》える「陰徳《いんとく》の行」などが変革への道をつけてくれるでしょう。

「自信家」の受信と発信が変革されてゆくとき、一体どれほどの現実が新しく創造《そうぞう》され、開拓されてゆくことでしょうか。時代が閉塞《へいそく》状況にある今だからこそ、新たなヴィジョンを指し示し、人々の心に希望の灯《ひ》をともすことのできるその力が切実に待たれていると思うのです。

15　苦《く》・暴流《ぼうりゅう》＝「被害者」はこう変わる

「被害者」が抱《いだ》く真の個性と秘《ひ》められた力

「被害者」とは、「恨《うら》みの強い被害者」という人格を指します。その人格の内に秘められている真の個性、真我《しんが》とはどのようなものでしょうか。

いつも張りつめた緊張感をもって時に臨《のぞ》み、「責任」をきちんと果《は》たす。どんなことにも「一途《いちず》」に打ち込む。また、本当にこれが大切だと思えると、他のものはすべて横における「簡素」さがあります。そして真の人間的な「強さ」と、今の事態の流れを超えて、新しい潮流《ちょうりゅう》や場を生んでゆける「喚起《かんき》」の力。

さらに、「正義」を貫《つらぬ》き、自分を超えてでも人や場を守ろうとする「守護《しゅご》」する心もあります。周《まわ》りの顔色を見たり、大勢の意見に流されない「自律《じりつ》」できる心。物事のよし悪《あ》し、何が本物かを「弁別《べんべつ》」できる力。そして問題や混乱が起こったとき、また試練に遭《あ》っても、様々な現実の刺激に揺《ゆ》り動かされないだけの不動《ふどう》の「重心《じゅうしん》」を持っています。「勇気」

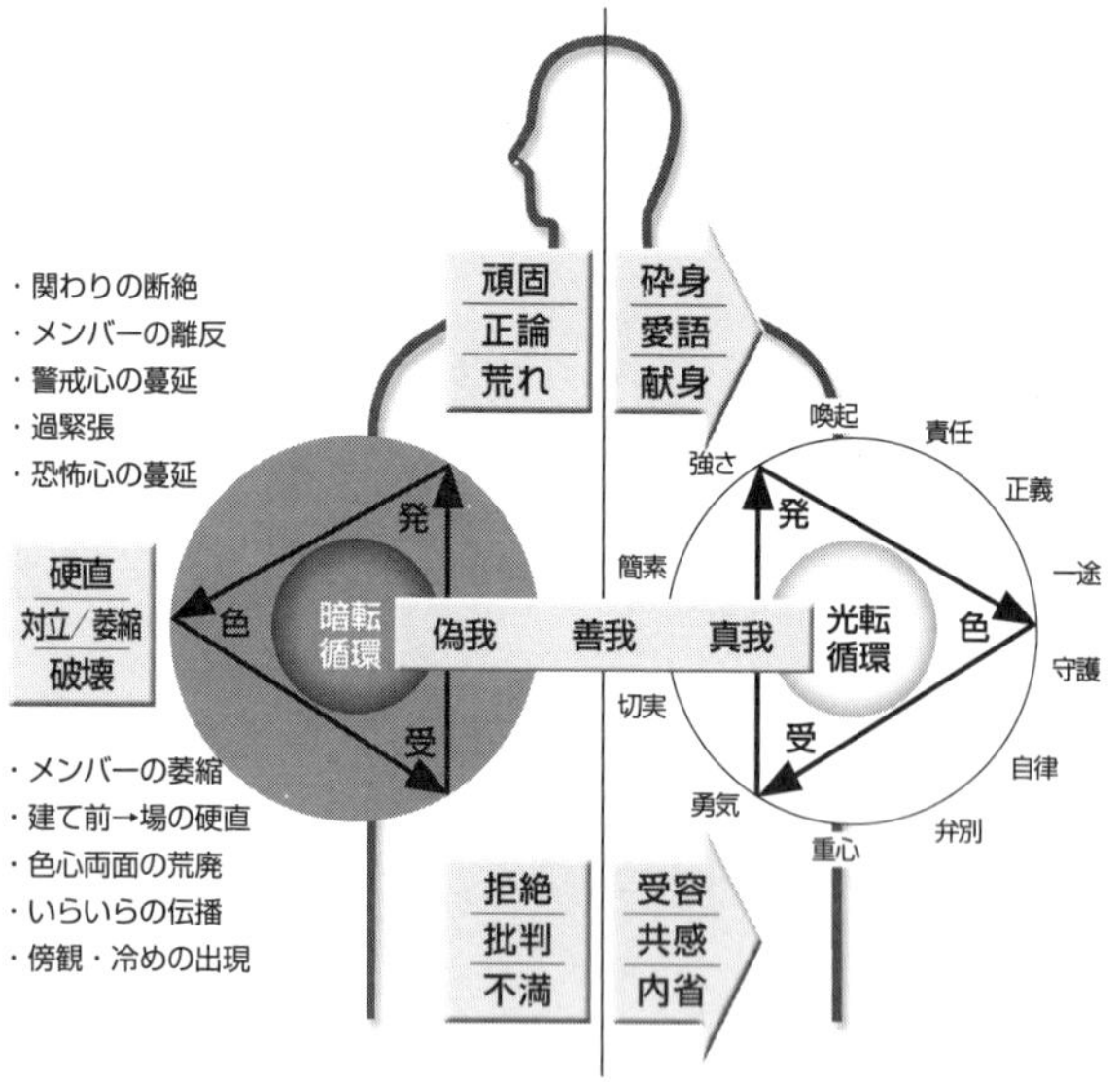

苦・暴流＝「被害者」は、受発色をこう変革することができる。

や「切実」さも「被害者」に本来備《そな》わっている個性なのです。

ヘレン・ケラーと法然《ほうねん》が放《はな》った光

このような個性を現した人物は、例えばヘレン・ケラー（一八八〇〜一九六八）がそうです。三重苦《さんじゅうく》という決定的な障害を抱《かか》えて、暗黒の世界をさまよっていたヘレン・ケラーがやがてアン・サリヴァンという助力者を得て、自らの世界に秩序《ちつじょ》の光を取り戻《もど》してゆく道のりは感動的です。それだけで、人間の内なる可能性を証明するものだと思えます。かつて、荒れに荒れ、暴力的で騒《さわ》がしく手のつけられなかった彼女は、自分を心底信じてくれるサリヴァン女史《じょし》と出会い、世界の秩序を理解する言葉を得てから、まったく別人に生まれ変わります。七歳まで何の教育も受けられなかったヘレン・ケラーは、前例のない人間的成長を遂《と》げて稀《まれ》に見る知性を持つ人となりました。彼女の生きることへの「切実」さは講演で回った世界の人々に「勇気」をもたらし、「自律《じりつ》」がいかなるものかを示し、人間の力を「喚起《かんき》」し続けたのです。

また、浄土宗《じょうどしゅう》の開祖《かいそ》である法然（一一三三〜一二一二）もこの「被害者」の真我《しんが》の光を現した一人と言えます。幼い頃政争《せいそう》によって父親を目の前で殺された法然は、すぐさま敵《てき》

法然

ヘレン・ケラー

苦・暴流の「被害者」が、その真の個性を発揮するとき、
勇気、切実、正義、守護などの力を現すことができる。

の目を弓矢で射抜《いぬ》いたと言われますが、そのとき、燃え上がった「恨《うら》み」の心に向けて瀕死《ひんし》の父親から「仇《あだ》を報《ほう》ずることをやめよ」と諭《さと》されます。そして「恨みなき安らぎの心」を求めて仏門《ぶつもん》に入ることになりました。長い求道《ぐどう》の日々を重ねた末に、つまり「自分が変わる」歩みの末に、一切衆生《いっさいしゅじょう》を救う阿弥陀仏《あみだぶつ》と出会い、専修念仏《せんじゅねんぶつ》という新しい仏教を説《と》いたのです。新しい仏教の流れを「喚起」し、多くの民衆を「守護」せんと「一途《いちず》」に生きたその姿は何よりも人々に「勇気」をもたらしたのです。法然は、「簡素」さの中に人間の本当の「強さ」を示した一人でした。

「被害者」の可能性を閉《と》ざす受発色《じゅはつしき》

しかし、生まれっ放《ぱな》し育ちっ放しの人生を生きる限り、「被害者」の心の中には、「他者不信」が潜《ひそ》み、世界に対する敵愾心《てきがいしん》が刻《きざ》まれています。ですから、その特徴《とくちょう》として、まず「拒絶《きょぜつ》」するという受けとめ方が自然になっている人が多いのです。お茶を勧《すす》められたり、何かに誘《さそ》われても、即座《そくざ》に「結構です」とか、「いえ」と、「No《ノー》」を言ってしまうようなところがあります。

その「拒絶」の受信は「頑固《がんこ》」の発信につながり、その結果、人間関係や場が「硬直《こうちょく》」

したものになるのです。

ほかにも「被害者」の受発色のトライアングルとして、「批判」→「正論《せいろん》」→「対立／萎縮《いしゅく》」、「不満」→「荒れ」→「破壊《はかい》」といった回路があります。

この「被害者」の回路に支配されるとき、思わず心の中でつぶやいている言葉として、「私は間違っていない」「理不尽《りふじん》だ」「馬鹿《ばか》にされた」「分からない方がおかしい」「何か裏《うら》があるに違いない」「今に見ていろ」といった他者不信に満ちたものが多くなります。周囲は自分に危害《きがい》を加え、攻撃してくるものという「誤《あやま》った信念」が前提にあるからです。

そして、このような「被害者」の傾向を持つ人の周辺には、関わりの断絶《だんぜつ》やメンバーの萎縮、離反《りはん》、警戒心や恐怖心の蔓延《まんえん》、過緊張《かきんちょう》といった問題が生まれやすくなります。また、建《た》て前《まえ》の強い関わりが続けば、場は必ず硬直してゆくでしょう。

「被害者」の「私が変わります」

では、どうすれば「被害者」の受発色《じゅはつしき》の奥に輝《かがや》く、真の個性を解放することができるのでしょうか。

「被害者」にとっての「私が変わります」は、まず、自分の中の他者不信、世界不信から自由になるということから始まります。しかし、そうした不信感を抱《いだ》くには、そうならざるを得ない背景が必ずあったはずです。その原因を見つめ、不信感を解《と》かしてゆくのは確かにたやすいことではありませんが、同時に、まず行動を変えてみることも変革への道につながります。世界に対して、意識的に心を開く行為へと変えてみる。例えば、頭ごなしに「拒絶《きょぜつ》」することを止《や》めて、まず一度は受けとめてみる。相手を「受容《じゅよう》」するということです。それはもう「頑固《がんこ》」な発信から自分を砕《くだ》く「砕身《さいしん》」の行為への転換の始まりです。そうしたことを実行してみるだけでも、必ず、周囲との関係は変わり始めるでしょう。

「被害者」の受発色の変革としては、ほかにも「批判《ひはん》」「不満」といった受信の心を、それぞれ「共感」「内省《ないせい》」といった心へと転換し、「正論《せいろん》」「荒れ」の発信の仕方を、「愛語《あいご》」「献身《けんしん》」へと転換してゆくことです。

その心の育《はぐく》みのために、さらに「行《ぎょう》」に取り組む場合は、笑顔をもって優《やさ》しい言葉をかける「和顔愛語《わがんあいご》の行《ぎょう》」、自分に足らない点はなかったかと振り返る「内省の行」、相手や場のために支《ささ》え尽《つ》くして生きる「献身の行」などを続けることが「被害者」にとって受発色を変えるための鍛錬《たんれん》となるでしょう。

「被害者」の傾向が調御《ちょうぎょ》され、その真我《しんが》の光が現れてくるなら、その力によってどれはどの人が救われ、道が開かれることでしょうか。破壊《はかい》を生み出す力が勇気や正義に転じるなら、今、停滞《ていたい》している様々な問題を解決し、新しい流れを生み出すことができます。嵐のような現実の中にあって、重心をもってそれを乗り越えることができる。そうした力は、これからの困難《こんなん》な時代を切り開いてゆくためには、なくてはならない力にほかなりません。

16

苦《く》・衰退《すいたい》＝「卑下者《ひげしゃ》」はこう変わる

「卑下者《ひげしゃ》」が抱《いだ》く真の個性と秘《ひ》められた力

「卑下者」とは、「あきらめに縛《しば》られた卑下者」という人格です。その「卑下者」が、本来持っている真の個性、その可能性とは一体どのようなものでしょうか。

「卑下者」の傾向を持つ人は、「まじめさ」を評価されたり、「誠実」であると言われてきたはずです。自己主張をすることが少なく、人の上に立つよりも、むしろ縁《えん》の下の力持ちとして、人を支《ささ》えることの方が自分は好きだという人。こつこつと努力をして「愚直《ぐちょく》」なまでに、正直に生きてきた人。そのような人に「卑下者」の傾向を持つ人が多いのです。

また、「卑下者」の人格の奥には、相手を信じて飛び込んでゆくことのできる「托身《たくしん》」という境地や、周《まわ》りの人や場のために支えて尽《つ》くす「献身《けんしん》」「陰徳《いんとく》」、他人《ひと》の悲しみをわがこととして「共感」し、同伴《どうはん》しようとする「慈悲《じひ》」の心を抱《いだ》いています。赤子《あかご》のように真《ま》っすぐで何の曇《くも》りもない「赤心《せきしん》」の心、「無垢《むく》」の心。どんなときも、原点に還《かえ》ること

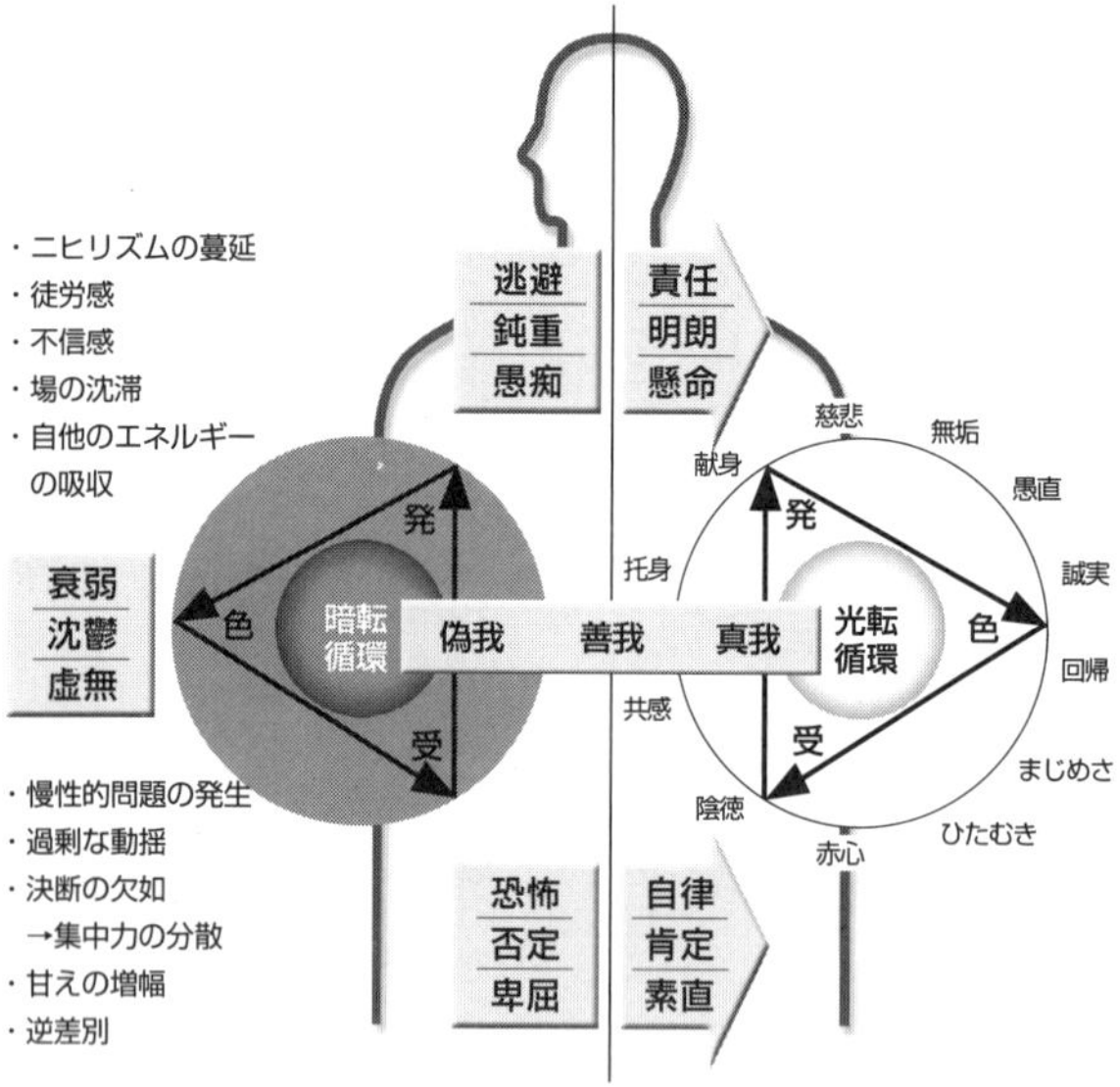

苦・衰退＝「卑下者」は、受発色をこう変革することができる。

のできる「回帰《かいき》」の心や「ひたむき」さも「卑下者」の本来抱いている個性です。

ガンジーと宮沢賢治《みやざわけんじ》が放《はな》った光

「卑下者《ひげしゃ》」の真我《しんが》の光を現した人物としては、インド独立《どくりつ》の父と言われたガンジー（一八六九～一九四八）や宮沢賢治（一八九六～一九三三）などがそうでしょう。

先に触《ふ》れたようにガンジーは「非暴力《ひぼうりょく》」による闘《たたか》いを不屈《ふくつ》の意志で貫《つらぬ》いた人物として知られていますが、幼《おさな》い頃には友だちと話をすることにも気後《きおく》れし、幽霊《ゆうれい》や蛇《へび》、暗闇《くらやみ》を怖《こわ》がる怯《おび》えの強い性格だったのです。そして英国の植民地となっている祖国に対しても誇《ほこ》りを感じることはできませんでした。そのガンジーが南アフリカで自ら人種差別と出会ったとき、自分の中にインドの人々の悲しみが流れ込み、その差別と闘う人に生まれ変わってしまったのです。ガンジーが体現したもの、それはまさに「慈悲《じひ》」であり「無垢《むく》」「愚直《ぐちょく》」であり「ひたむき」「托身《たくしん》」「献身《けんしん》」の光でした。

宮沢賢治は、幼い頃から他の人々の苦しみや不幸を自分自身のものとして感じてしまう鋭《するど》い感受性を抱《いだ》いていました。それだけに明るく元気というよりは、暗く大人《おとな》しい性格だったのです。けれども、それゆえにその感受性を研《と》ぎ澄《す》まし、周囲の人々、そして人間

ガンジー

宮沢賢治

苦・衰退の「卑下者」が、その真の個性を発揮するとき、
赤心、托身、慈悲、無垢などの力を現すことができる。

への切《せつ》なく深い「共感」を基《もとい》とした人生を送ったのです。賢治の詩作、科学者や教育者としての仕事には、「慈悲」心と「献身」的姿勢が常に湛《たた》えられ「陰徳《いんとく》」と「無垢」の光が溢《あふ》れています。

「卑下者《ひげしゃ》」の可能性を閉《と》ざす受発色《じゅはつしき》

しかし、そうした可能性を閉ざしているのが、「卑下者」が抱《いだ》いている「誤《あやま》った信念」です。それは、自分に対するあきらめ、不信、否定から生まれています。そしてそれは、広くは人間の本質やその内に抱く力に対する疑念《ぎねん》ということができます。

例えば、「卑下者」の受発色の回路として、「恐怖」→「逃避《とうひ》」→「衰弱《すいじゃく》」の現実というトライアングルがあります。

「もしこうなったら、どうしよう」「こう言われたら、ああ言われたら」……と、「恐怖」で受信し、「どうせうまくいくはずがない」「やらない方がましだ」と何もしないという「逃避」の発信をする。そうして逃《に》げているうちに時間だけが過ぎてゆき、現実はますます難《むずか》しく厳《きび》しいものになってゆきます。やがて、できることもできなくなり、自らも事態もともに「衰弱」してしまうという現実を生むわけです。

ほかにも「卑下者」の受発色のトライアングルとして、「否定」→「鈍重《どんじゅう》」→「沈鬱《ちんうつ》」、「卑屈《ひくつ》」→「愚痴《ぐち》」→「虚無《きょむ》」といった回路があります。この「卑下者」の回路に支配されているとき、心の中に生じるつぶやきには、「どうせ自分は駄目《だめ》だ」「こんなことやったってしょうがない」「もう駄目だ。終わりだ」等々があります。こうした「卑下者」の周《まわ》りには、沈鬱で虚無的な気配《けはい》が生まれ、ニヒリズムが蔓延《まんえん》します。そして、徒労感《とろうかん》や疲労感に支配され、場が沈滞《ちんたい》してしまいます。問題に対しても、逃避的な姿勢が続けば、問題は慢性的《まんせいてき》なものとなって、ますます重くなり解決は困難《こんなん》になるでしょう。

「卑下者《ひげしゃ》」の「私が変わります」

では、「卑下者」が、内なる「新しい力」を解放してゆくための鍵《かぎ》はどこにあるのでしょうか。まず、「卑下者」の場合、受信・発信の全体を覆《おお》っている何か重い感じ、否定的な気配《けはい》、ニヒリズムをどこまで変えることができるかにかかっています。

変革の一歩は、徒《いたずら》に不安を拡大するのではなく、一体自分が恐《おそ》れていることは何なのか、自分自身に問いかけ、目を開いて「恐怖」の正体をよく見ることです。すると、案外《あんがい》過去のイメージに引きずられているだけであったり、幻想《げんそう》の恐怖に過ぎなかったりすることが見えてくることでしょう。そのように「恐怖」の受信を、自分をしっかり保《たも》つ「自律《じりつ》」的な受信へと変革し、すぐに逃《に》げてしまおうとする「逃避《とうひ》」的な行動をとどめて、身に引き受ける「責任」ある行動へと転換してゆくのです。

ほかにも、「否定」「卑屈《ひくつ》」の受信を、それぞれ「肯定」「素直《すなお》」の心へと転換し、発信の傾《かたむ》きである「鈍重《どんじゅう》」「愚痴《ぐち》」を、「明朗」「懸命《けんめい》」に転換してゆくことです。

そして、その変革を促進するために「行《ぎょう》」に取り組む場合は、途中であきらめたり、投げたりしないで持続するということを自らに課《か》す「持続の行」、苦手《にがて》なことにも積極的に挑戦をする「挑戦の行」。意欲を失ったり、衰退《すいたい》しそうになる心を自分で励《はげ》まし喚起《かんき》することを心がける「喚起の行」などがあります。

「卑下者」の受発色《じゅはつしき》が変革され、その奥から本来の個性が輝《かがや》き出すなら、痛みを背負った多くの人々にとって、どれほどの励ましや安らぎをもたらすことができるでしょうか。不安や恐怖に苦しんできたからこそ、他人《ひと》の痛みに心から共感できる慈《いつく》しみの心を抱《いだ》くことができます。厳《きび》しく辛《つら》いことの多いこの世界の闇《やみ》の中で、一隅《いちぐう》を照《て》らす共苦共悲《きょうくきょうひ》の光を放《はな》つことができるということです。

17　快《かい》・衰退《すいたい》＝「幸福者《こうふくもの》」はこう変わる

「幸福者」が抱《いだ》く真の個性と秘《ひ》められた力

「幸福者」は「自己満足の幸福者」と呼ばれる人格の持ち主で、この傾向を持つ人は、人からよく「いい人」と言われてきたはずです。周《まわ》りとぶつかったり、軋轢《あつれき》を起こすことも少なく、「融和《ゆうわ》」的で、「やさしさ」を持った「柔和《にゅうわ》」な人。その人がいると、場が和《なご》む。「温《あたた》かさ」があり、傍《かたわ》らにいてくれるだけでほっとする。そんな雰囲気《ふんいき》を持った人に「幸福者」が多いのです。

つまり、「幸福者」の傾向を持つ人の真我《しんが》には、悲しみや苦しみの満ちる厳《きび》しい現実世界にあって、痛みに対する「癒《いや》し」をもたらす力が秘《ひ》められています。また、捻《ねじ》れてしまった人との絆《きずな》を再び結び直す「再結《さいけつ》」の力。そして社会に起きる様々な事件や出来事、また痛みある人々を、自らを砕《くだ》いて受け入れることができる「受容《じゅよう》」の心を抱《いだ》いています。

さらにこの現実世界において、ニヒリズムに陥《おちい》る人々を受けとめ、そのあきらめから立

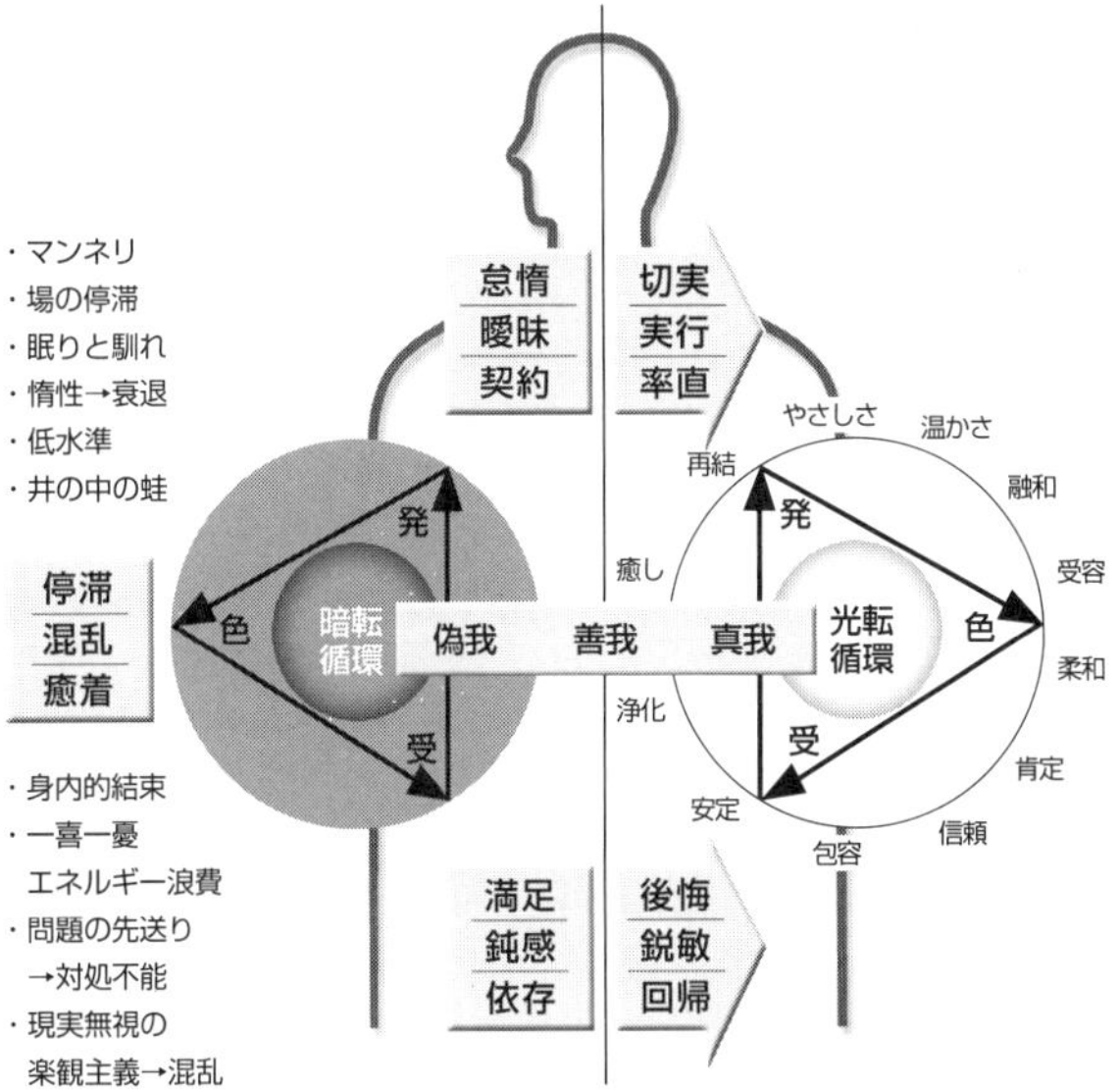

快・衰退＝「幸福者」は、受発色をこう変革することができる。

ち直らせる力となるような「肯定《こうてい》」する力。不信の中にあっても人を「信頼」し、「包容《ほうよう》」できる智慧《ちえ》。場の中において、真に「安定」を与《あた》える力。そして、人や場の曇《くも》りや汚《けが》れを「浄化《じょうか》」することができる力。

こうした力が、「幸福者」の内側に本来の個性として宿《やど》っているのです。

アンリ・デュナンと桂小五郎《かつらこごろう》が放《はな》った光

この「幸福者《こうふくもの》」の真我《しんが》の光を示した人物としては、国際赤十字社《こくさいせきじゅうじしゃ》を創設《そうせつ》したアンリ・デュナン（一八二八～一九一〇）や明治維新《いしん》に貢献《こうけん》した桂小五郎（一八三三～七七）などがいます。

デュナンは、何不自由ない恵まれた環境の下《もと》で成長した明るくやさしい青年でした。キリスト教青年会などで活躍する積極性も持ち合わせていましたが、やがて友人たちとアフリカでの事業を計画し、その水利権《すいりけん》獲得のために訪《おとず》れたイタリアのソルフェリーノで、運命的な出会いをもたらされます。ソルフェリーノは当時、イタリア統一戦争の戦場となっており、デュナンは傷《きず》つき倒れている多くの傷病兵《しょうびょうへい》の姿を目の当《ま》たりにしたとき、敵味方《てきみかた》の区別なく彼らを救《すく》わずにはいられなくなってしまったのです。それをきっかけとして、

アンリ・デュナン

桂小五郎

快・衰退の「幸福者」が、その真の個性を発揮するとき、
包容、癒し、融和、信頼などの力を現すことができる。

デュナンは、幾多《いくた》の苦難《くなん》を乗り越え、敵味方なく傷病兵を救助する国際赤十字社の構想《こうそう》を実現してゆくのです。そこには何よりも一切《いっさい》を「受容《じゅよう》」する「やさしさ」が満ちており、その「包容《ほうよう》」力によって癒《いや》された人々は数知れませんでした。

桂小五郎も、この「幸福者」の真我の光を現しながら明治維新《いしん》に貢献《こうけん》しました。長州《ちょうしゅう》急進派の総帥《そうすい》の立場にありながら直接行動を避《さ》け、常に各藩の動向を調整し破綻《はたん》しそうになる維新の動きを収拾《しゅうしゅう》してゆきました。

恵まれた環境の下でのんびりと育った桂の中から、ペリー来航の衝撃《しょうげき》によって魂の本質が揺《ゆ》り動かされ、「再結《さいけつ》」「融和《ゆうわ》」「受容」「安定」の光が放たれたのです。

「幸福者《こうふくもの》」の可能性を閉《と》ざす受発色《じゅはつしき》

こうしたかけがえのない個性を抱《いだ》いている「幸福者」ですが、生まれっ放《ぱな》し育ちっ放しの偽我《ぎが》（偽《いつわ》りの自分）には、その可能性を閉ざしてしまう受発色の回路が存在します。

「幸福者」は確かに「いい人」なのですが、同時に「いい人なんだけれど……」といわくつきになってしまうことがあるのもそのためです。「いい人なんだけれど、いざというときに頼りにならない」『いい人なんだけれど、ミスが多くて仕事を任《まか》せておけない」等々。

それは「幸福者」の受発色として、「依存《いぞん》」→「契約《けいやく》」→「癒着《ゆちゃく》」の回路があることとも別になりません。受信の特徴《とくちょう》として、「誰《だれ》かが何とかしてくれる」「いつか何とかなる」といった「依存」の受信は、自分が主体となり、現実を引き受けるという関わりとはならず、相手と「契約」的な関わりとなり、そこには「癒着」した人間関係という現実が生まれるのです。「幸福者」にとっては、何か物事が具現《ぐげん》することよりも、とかく、自分と相手の関係がうまくいくことに関心が向きやすいため、その関係が心地よいものであれば、それで十分満足できてしまうわけです。

ほかにも「幸福者」の受発色のトライアングルとして、「鈍感《どんかん》」→「曖昧《あいまい》」→「混乱」、「満足」→「怠惰《たいだ》」→「停滞《ていたい》」といった回路があります。

「幸福者」の受発色の回路に支配されると、つぶやきとしては「まあいいか」「よかったよかった」「大丈夫《だいじょうぶ》、大丈夫」「こんなもんでしょう」「何とかなるでしょう」といった言葉が出てきます。

こうした回路が回ると、仕事は低水準《ていすいじゅん》のものとなり、関わりも広く外に開かれてゆくのではなく、身内的結束《みうちてきけっそく》にとどまることになり、場は全体にマンネリ化して停滞してゆくのです。

「幸福者《こうふくもの》」の「私が変わります」

では、「幸福者」が抱《いだ》く、真の個性と力を発揮《はっき》してゆくにはどうすればいいのでしょうか。「幸福者」は、周《まわ》りからも「いい人」と見られ、自分に対して問題意識を持ちにくいという特徴《とくちょう》がありますす。さらに、「苦」の回路に比べて「快」の回路は意識化するのが難《むずか》しいということがあります。ですから、自分の心の動きに対して、自覚的になること。また、自分が起こした出来事を介在《かいざい》として、外界の出来事と内界とをつないで見つめる習慣をつけることが変革へ向かう重要な一歩となります。

そして、受信、発信を丹念《たんねん》に変革してゆきます。例えば、誰《だれ》かの意見や考えに拠《よ》ろうとする「依存《いぞん》」的な受けとめから、自分は本当はどうしたいのかと「回帰《かいき》」することへ。相手の顔色を見たり、合わせてゆこうとする「契約《けいやく》」的な関わりから、「率直《そっちょく》」な関わりへと変えてゆくのです。ほかにも、「満足」「鈍感《どんかん》」の受信の仕方を、それぞれ、「後悔」「鋭《えい》敏《びん》」へと転換し、「怠惰《たいだ》」「曖昧《あいまい》」の発信の仕方を、それぞれ「切実」「実行」へと転換してゆくのです。

変革を促《うなが》すために「行《ぎょう》」に取り組む場合は、契約的な関わりをとどめて、本心を率直に語る「率直に語る行」、自らの原点に還《かえ》る「回帰の行」、エネルギーを一つのことに集中して使う習慣をつける「収斂《しゅうれん》の行」などがよいでしょう。「幸福者」には、何となくいろいろなことをしながら他のこともするという、いわゆる「ながら族」が多く、エネルギーが分散《ぶんさん》しやすいのです。忘れ物やミスが多い傾向もそうしたエネルギーの分散傾向と別にはなりませんから、エネルギーを一つに集めることはとても大きな転換のきっかけになるのです。

私たちの周りには生きることに疲《つか》れている人、人生をあきらめている人、他人《ひと》に受け入れられず愛されもしなかったと嘆《なげ》く人たちも少なくありません。「幸福者」がその内なる真の個性を輝《かがや》かせるとき、そうした方々のどれほどよき同伴者《どうはんしゃ》となり得ることでしょうか。それだけの可能性を持っているにもかかわらず、それを開かないことは本当に残念なことです。ぜひ、その光を世界に現していただきたいと思うのです。

18 「変わる」ことは、負けることではない

「私が変わります」は、最《もっと》も強い生き方

「自分が変わる」ことに対して、抵抗感を持っている人は少なくありません。むしろ多くの人にとって自分が変わることほど嫌《いや》なことはないかもしれません。そしてその理由として、「変わる」ことは、結局のところ、相手に合わせ、譲歩《じょうほ》したりする変節《へんせつ》のように思えたり、あるいは屈服《くっぷく》したり、負けるのと同じではないかと感じるからではないでしょうか。相手を変えることの方が、積極的で、強い生き方であり、自分を変えるというのは、逆に消極的で弱い生き方であるという先入観が私たちの中にあるということです。

けれども私は、そうは思いません。「変わる」ことは負けることとはまったく違います。「私が変わります」という生き方こそ、人間として、最も強い生き方にほかならないと考えるからです。

確かに、私たちにその意志がないのに、ただ相手の圧力に圧倒《あっとう》されて、変わらざるを得

なくなり、仕方なく変わるというのであるならば、それは明らかに負けることであり、弱い生き方であると言えるでしょう。不本意《ふほんい》ながら変わることになってしまったとか、変わることを強要《きょうよう》されたのなら、それは負けであり、弱さであると思うのもうなずけます。しかしもし、自ら意志をもって「変わる」のなら、それは弱さとはかけ離《はな》れた生き方です。

「私が変わります」宣言を生きることは、まず何よりも、自らの志《こころざし》を立てることに始まります。志を持って、願って「変わる」のならば、主体者は、私たち自身にほかなりません。その核心《かくしん》は、一つの身体《からだ》に一つの魂を持った主体者である私たちが、心から「こうしよう」「私は変わる」と決意し、生きるところにあるのです。目の前に繰《く》り広げられている現実、そして心にかけている事態の一切《いっさい》を引き受けて、自分が変わることを通じて、その光転《こうてん》を期する。自分以外の事態も含めて、わがこととして背負《せお》うその生き方が、消極的であるはずがありません。

それは、私たちが自分の殻《から》から抜け出して、世界にはたらきかけてゆく最も積極的な生き方です。しかも、どうしても変えたくない自分自身が、変わってでも何とかしたいからそうするのです。それは最も強い生き方と言えるのではないでしょうか。

「幾《いく》たびか辛酸《しんさん》を経《へ》て、志《こころざし》始めて堅《かた》し」

たとえ、変わらざるを得ない状況の中に追いやられ、そこで変わることを余儀《よぎ》なくされたように見えても、もし、自分の志がしっかりと立ち上がっているならば、そこには「私が変わります」の自発性、そして強さがみなぎっているのです。

明治維新《いしん》に大きく貢献《こうけん》した西郷隆盛《さいごうたかもり》（一八二七〜七七）の生き方にも、その「変わる」ことの強さが鮮《あざ》やかに現れているように思います。

西郷は維新前夜二度の島流しに遭《あ》っています。一度目は、安政《あんせい》の大獄《たいごく》の余波《よは》を受けて、奄美大島《あまみおおしま》に流罪《るざい》となりました。二度目は、君主《くんしゅ》の命《めい》に従わなかったという理由で、徳之島《とくのしま》から沖永良部島《おきのえらぶじま》へと流されます。そこでの牢舎《ろうしゃ》は、にわかづくりの掘建《ほった》て小屋で、雨風にさらされ、西郷の身体《からだ》はみるみる衰弱《すいじゃく》していったと言われます。西郷は、終日座《ざ》したまま、横にもならず、食事も取らなかった。そしてその中で、悟《さと》りを開き、人間的な成長を遂《と》げたとされます。「人生の浮沈《ふちん》は晦明《かいめい》に似《に》たり（人生の浮き沈みは、明るい時も暗い時もあることに似ている）」——西郷が沖永良部島で詠《よ》んだ詩の一節です。

ある意味で西郷は、この獄《ごく》にあって変わらざるを得ない状況に追いつめられたわけです。

西郷隆盛

いかなる状況であれ、一念発起して変わってゆく気概を持つことが、
強い生き方であり、道を開いてゆく極意と言える。

そのとき西郷は、その圧力に負けることなく、その境遇《きょうぐう》を積極的に受けとめました。一人きりになれるその場所でこそ、自分の本心と向かい合って、どのように道を開けばよいのかを求めたのです。そして、やがて新しい日本の展望、新しい人としての生き方を直感し、それを基《もとい》に生きることになるのです。西郷が終生《しゅうせい》、生きる指針とした「敬天愛人《けいてんあいじん》」という境地は、幾度《いくど》も変わらざるを得ない状況に追い込まれる中で、自らの志と願いをより強く鮮明にしてゆくことによって生まれたものと言えます。まさに自ら変わることを選択し、志の軸《じく》がしっかりと立ち上がって変わってゆく姿がそこにはあります。西郷が語った「幾たびか辛酸を経て、志始めて堅し」という言葉は、まさにその心境を表したものでしょう。

道を開く極意《ごくい》は、一念発起《いちねんほっき》し、変わる気概《きがい》をもって臨《のぞ》むこと

人生には、必ず転機《てんき》が訪《おとず》れます。そのとき、ただその事態に押し流され、仕方なく「変わる」というのであれば、それは敗北《はいぼく》であり、弱く消極的な生き方かもしれません。けれども、たとえ追いつめられても、そのときに変革の中心となる志《こころざし》と願いを自らの内側に立てたならば、そこを起点として新しい現実、新しい世界が生まれてくるということです。

逆に言えば、私たちの内側に、そうした変革の中心ができない限り、表面的な形だけを変えても、それは「私が変わります」を本当に生きることにはなり得ないということなのです。その意味で、いかなる状況であれ、私たちが一念発起して、変わってゆく気概を持つことが、何より人間として強い生き方であり、道を開いてゆく極意と言うことができるのです。

19　「変わらぬもの」のために「変わる」

変わり続けて生命を保《たも》つ

この本の中で、私たちは「私が変わります」という生き方を多面的に取り上げています。それだけ「変わる」ということに何度も言及《げんきゅう》することになります。

しかし、私が読者にお伝えしたいことは、ただ闇雲《やみくも》に変わるということではありません。「私が変わります」とは、大切なものを守るために「変わる」ことにほかならないからです。そして「変わる」ということを追究《ついきゅう》すればするほど、それは実は「変わらぬもの」を守るために「変わる」ことが分かるのです。

肉体が、常に変わり続けていることもそうです。皮膚《ひふ》や内臓など肉体の細胞の多くが数日から数カ月で入れ替《か》わります。刻一刻《こくいっこく》と肉体は老化し、厳密《げんみつ》に言うならば、どの瞬間も私たちは同じ自分ということはありません。

そして、その変化が終わるときは、死が訪《おとず》れたときであり、変わり続けなければ、命を守ることができないから、肉体は変わり続ける――。それは、言い換《か》えるなら、肉体は、変わり続けることによって、変わらない命を守り続けているということです。つまり、「変わり続けるもの」の中心に、「変わらないもの」が存在しているということです。

人生の目的を成就《じょうじゅ》する秘訣《ひけつ》は、変わり続けること

私たちが「私が変わります」の姿勢を生きるときも同じではないでしょうか。人が自ら変わろうとするのは、そこに願いと目的があるからです。ただ変わるために変わろうとすることなどあり得ません。変わろうとするのは、やはり守るべきものがあるから、闘《たたか》うべきことがあるから、自分を変えてでも実現したいことがあるからではないでしょうか。

それを「人生の目的」という言葉で一つにくくることができます。「生涯《しょうがい》を通じてこう生きたい、このようなことを実現したい」……、そうした人生のヴィジョンや目的を持つとき、それは変わらぬものとして人生の時の流れを支《ささ》え続けるようになります。私たちは、自らが見出《みいだ》した人生の目的を果《は》たし、願いを実現するために、すなわち「変わらぬもの」のためにこそ、変わり続ける必要があるのです。

上杉鷹山《うえすぎようざん》の改革

今から二百年以上も昔、東北米沢藩《よねざわはん》（現在の山形県南部）で、弱冠《じゃっかん》十七歳で藩主《はんしゅ》となった上杉鷹山（一七五一～一八二二）が行った改革——。莫大《ばくだい》な借財《しゃくざい》を抱《かか》え、瀕死《ひんし》の危機にあった藩の財政を、驚《おどろ》くべき対策の連打によって建《た》て直していった鷹山の手腕《しゅわん》は、今日でも高く評価されています。そして、実はその姿勢にも一貫《いっかん》して守りたいもののための改革、「私が変わります」がみなぎっているのです。

当時米沢藩が抱《かか》えていた借金は、ある試算によると、二十万両。現在の金額に換算すると数百億円にも上《のぼ》る金額であったと言います。それは、十五万石の米沢藩からしても実に天文学的数字としか言いようがありません。

鷹山は九州高鍋藩主《たかなべはんしゅ》の次男坊《じなんぼう》に生まれました。わずか三万石の小藩だった高鍋藩に、跡《あと》継《つ》ぎを持たない、十五万石米沢藩との養子縁組みの話が持ち上がり、鷹山が養子に入ることになります。そして、その話が決まった後で先述《せんじゅつ》した米沢藩の実情が分かるのです。しかし、鷹山は敢《あ》えてその運命を引き受けようと覚悟《かくご》します。

鷹山が打ち出した方針は前代未聞《ぜんだいみもん》のものでした。まず鷹山は財政再建の基本として大倹《だいけん》約令《やくれい》を出します。日々の生活を質素《しっそ》に保《たも》つことを決め、食事は一汁一菜《いちじゅういっさい》、衣服は木綿《もめん》に限

上杉鷹山

「私が変わります」とは、大切なもの、変わらぬものを守るために、
自らの器を広げて変わってゆくことにほかならない。

ると発表するのです。

この改革は容易《ようい》に進められたわけではありません。もともとお家断絶《だんぜつ》を回避《かいひ》するためとは言え、九州の小さな藩から来た鷹山に反感を持つ勢力は少なくありませんでした。伝統と格式《かくしき》を重んじる米沢藩士にとって考えられないようなことだったのです。

守りたいもののために変わる

しかし、これらの対策を、藩《はん》のため民衆のために鷹山《ようざん》は自ら率先《そっせん》して実行しました。瀕《ひん》死《し》の重傷を負《お》った命を何とか守るために、まず自分から「変わる」ことを示したのです。自《みずか》ら木綿《もめん》の服を着て、一汁一菜《いちじゅういっさい》の食事を取り、藩邸《はんてい》の予算を以前の八分の一にまで切り詰《つ》めました。

それだけではありません。鷹山は、藩内をくまなく見て回り、苦しみしかない農民たちの姿を目《ま》の当たりにします。やせ衰《おとろ》えて、荒れ放題《ほうだい》の田畑、疲れ切った農民の中にはあまりの困苦《こんく》のために他の藩へ逃《に》げてしまった者たちが少なくありませんでした。農村を回っても回っても、そこにあるのは貧《まず》しさと民《たみ》の痛みだけでした。

鷹山は愕然《がくぜん》とします。財政だけではない。あまりの窮状《きゅうじょう》に民が苦しんでいる。人の活力が消え失《う》せている。このままでは米沢藩自体が潰《つぶ》れてしまう。一体どうすればよいのか——。

一人部屋にこもって苦悶する鷹山が、やがて突然始めたことは、何と自ら鍬を持って、藩《はん》邸《てい》の庭を耕《たがや》すことでした。そして鷹山は農業改革案を発表します。荒れ地を開墾《かいこん》して田畑を増《ふ》やすこと、そのための人手となる農民がいないなら武士がそれを担《にな》うべきだと示したのです。もちろん、自らも実際農具を手に取り、畑仕事に汗《あせ》を流しました。

この行動は、江戸時代の社会的規範《きはん》であった士農工商《しのうこうしょう》という身分《みぶん》制度に真《ま》っ向《こう》から対立するものでした。藩主であった鷹山はいわば藩内の武士の頂点にいる人物です。その鷹山が畑仕事をする――。当時の常識からすれば考えられないことだったでしょう。その大胆な判断に誰《だれ》よりも早く応《こた》えたのは、最《もっと》も苦しい生活を余儀《よぎ》なくされていた下級武士たちだったと言います。

さらに鷹山は、地場《じば》産業の育成にも心を傾《かたむ》け、紅花《べにばな》や、蚕《かいこ》のための桑《くわ》の栽培《さいばい》などを積極的に推《お》し進め、改革を軌道《きどう》に乗せてゆきました。

そしていよいよ改革が安定し、大きく進展しようとするとき、鷹山は参勤交代《さんきんこうたい》で江戸に向かわなければならなくなります。その際、三十五歳という若さであったにもかかわらず隠居《いんきょ》を宣言した背景には、改革への強い意志があったと思われます。自らが藩主を退《しりぞ》けば藩に残ることができると考えたのです。

それもまた守るべきものがあっての「私が変わります」でした。こうして鷹山は改革に生涯《しょうがい》を捧《ささ》げました。

上杉鷹山の改革には、まず率先して自らが「変わる」姿勢が貫《つらぬ》かれています。そのことによって、超え難《がた》い困難《こんなん》でしかなかった改革と再建は成就《じょうじゅ》したのです。

守るべきもののために、変わらないもののために、私たちは、自らの器《うつわ》を広げて、変わってゆかなければなりません。「私が変わります」を通じて何を果《は》たそうとしているのか、自分を変えてでも守りたいもの、果したいことを抱《いだ》いているかどうか、その焦点《しょうてん》を定めることが、「変わる」ための要《かなめ》であるということなのです。

20 人生の主導権《しゅどうけん》を取り戻《もど》す「私が変わります」

あなたは人生の主導権《しゅどうけん》を握《にぎ》っているのか？

「私が変わります」宣言を生きることは、いつでもどこからでも始めることができます。けれどもそのきっかけとして、最《もっと》もふさわしいのは、まず自分自身の生き方に「主導権」を取り戻《もど》すということです。

主導権とは、物事を、自らが中心になって決定権を自分に保持しながら進める力のことですが、多くの人は、当然自分自身の生き方に対して主導権は自分が握っていると思っているでしょう。

しかし、果《は》たして、それは本当なのでしょうか。

例えば、もし、問題や困難《こんなん》、つまり世界からあなためがけてNo《ノー》が押し寄せたとしましょう。そのとき、自分の生き方に対して、人生の主導権をきちんと行使《こうし》できるとはどのようなことを言うのでしょうか。そして、多くの人々が取りがちな次のような態度はどうでしょうか。

・動揺《どうよう》して、その問題の犯人探《さが》しをして責める。
・問題を他人《ひと》のせいや状況のせいにする。
・このような問題が降《ふ》りかかったことを不運と嘆《なげ》き、解決に着手しない。
・問題の現状を詳《くわ》しく調べないで、大したことはないと、何もしない。
・自分の都合《つごう》のよいように問題を解釈して、問題はなかったことにする。
・自分には関係ないとして、なるべく関わらないようにする。
・いつか誰《だれ》かが対処《たいしょ》してくれるだろうとそのままにする。
・すべて自分が悪かったと落ち込み、一人で問題を抱《かか》え込む。
・誰かに指示して対処させて、自分としては何もしない。

……

これらは、実は先の自動的に受発色《じゅはっしき》を繰《く》り返す四つの回路のいずれかに支配されている態度にほかなりません。その自動的な回路のままに生きてしまっていると言えるでしょう。つまり、偽我《ぎが》の回路に支配されているのであって、自分が主体的にその生き方の主導権を握ってはいないということなのです。その証拠に、問題を解決したいと思っているはずなのに、これらの態度では、解決の方向へ向かうことはできないでしょう。

例えば、「自分の都合のよいように問題を解釈して、問題はなかったことにする」という「歪曲《わいきょく》」の受信がもたらす現実は「孤立《こりつ》」であり、しかもあるがままに現実を見なければ、決して解決へ導《みちび》くことはできません。また、「いつか誰かが対処してくれるだろうとそのままにする」という「依存《いぞん》」の受信は「癒着《ゆちゃく》」の現実をもたらすばかりです。「すべて自分が悪かったと落ち込み、一人で問題を抱え込む」という態度は、「卑屈《ひくつ》」の受信から生まれており、それは「虚無《きょむ》」の現実をもたらすだけで、現実は何も変わりません。「問題の犯人探しをして責める」という態度は、その動機が憎《にく》しみや怒《いか》りといった「被害者」の意識から出たものならば、そこに「硬直《こうちょく》」や「破壊《はかい》」の現実が生まれるということです。

これらの態度はすべて、別の問題をそこにつくり出してしまうことが分かります。一つの問題を二つに増《ふ》やしているのです。結局は偽我《ぎが》の受発色の回路のままに生きることを選択しており、「私は変わりません」という態度にほかなりません。

人生の主導権を取り戻すということは、この自動的な回路からの脱出ということでもあるということです。

「こうなってしまった」から「こうさせていた」への転換

人生の主導権《しゅどうけん》を取り戻《もど》すことの重要性はいくら強調してもし過ぎることはありません。主導権を取り戻して、本当の自分の個性を開花《かいか》して生きる人生と、偽我《ぎが》の受発色《じゅはっしき》の自動的な回路のままに生きる人生のどちらがよいかは、比《くら》べてみるまでもないことでしょう。

しかし、恐《おそ》ろしいことですが、私たちはなかなか自分が人生の主導権を失ってしまっていることには気づきにくいのです。

例えば、私たちが何気《なにげ》なくよく使う言葉に、「こうなってしまった」という言葉があります。「困った事件が起こってしまった」「締《し》め切りに間に合わなくなってしまった」「人間関係が捩《ねじ》れてしまった」「不本意《ふほんい》な仕上がりになってしまった」「相手側《がわ》が怒《おこ》ってしまった」等々。そして、もし、その後に「それは仕方がなかったのだ」と言い訳《わけ》が続くなら、これらの発言は実は自分の人生の主導権を自分のコントロール下に置いていないということを表明しているようなものです。

現れた結果＝ポジ（目に見える現れの次元）の世界だけを見て、「こうなってしまった」とつぶやいている限り、本当に現実を変えることができないことは明白です。ポジの世界が生まれるにはそれを生んだネガ（目に見えない隠《かく》れている次元）の世界があったわけです。ネガの世界とは、私たちの精神の世界です。しかも、自分の内界＝精神世界には自分の主導権が及《およ》びますが、外界＝現象《げんしょう》世界は自分の主導権が及ばない世界です。それなのに、自分がコントロールできる自分の内界、結果を生んでいる原因である精神世界を変えようとしないで、自分の主導権が及ばないアウト・オブ・コントロール（制御不能《せいぎょふのう》）の世界の側に変わってほしいと要求するということは、大変な矛盾《むじゅん》であり道理《どうり》に合わないことです。

一方、人生の主導権をしっかりと自分で握《にぎ》っている人はどうでしょうか。問題や事件が起こったとき、自分はそれに対してそうなる前に何かできなかっただろうか、自分が「こうさせていた」のではないかと省《かえり》みるでしょう。それは、「現象世界（外界・世界）と精神世界（内界・自分）」は一つながりのものであるというまなざしから生まれる態度です。

そして、「こうさせていた」自分や内界に目を向け、その原因を何とかしようとし始めるならば、やがて現実は変わってゆくでしょう。そこは自分が責任をもって対処《たいしょ》できる主導権の及ぶ範囲だからです。そしてその人は「私が変わります」を実践してゆくことになるでしょう。「こうなってしまった」と受けとめる態度から「こうさせていた」と受けとめる態度への転換、それは人生の主導権の奪回《だっかい》であり、「私が変わります」宣言を生きる大切な始まりなのです。

21　聞く、吸い込む、変わる

「世界からのNo《ノー》」こそ、「変わる」きっかけ

「私が変わります」宣言を生きてゆこうとする人が、自らの人生の主導権《しゅどうけん》を取り戻《もど》し、主体的に歩み始めようとするときに必ずぶつかること、それが「世界からのNo」です。嫌《いや》なこと、困惑《こんわく》、問題、障害、試練、困難《こんなん》等々。そうしたNoこそがまた、変革への大きなきっかけとなり得るチャンスでもあるのです。ここではそのNoをどのように受けとめるかについて考えてみたいと思います。

「世界からのNo」とは、具体的には、うまく進まない事態、予期せぬ妨害《ぼうがい》、伝わらないコミュニケーション、なかなか超えられないハードル、計画の停止や失敗等々があります。

これらは、「快苦《かいく》」から言えば「苦」であり、できれば避《さ》けたい、敬遠《けいえん》したくなる現実でしょう。世界からNoが返ってくるとき、誰《だれ》でも圧迫感を覚《おぼ》え、ときには一切《いっさい》の終焉《しゅうえん》で

あるとさえ思ってしまうのではないでしょうか。私たちは本当に世界からのNoが嫌《きら》いです。Noが現れるや否《いな》や落ち込んでしまったり、無視してしまったりします。あるいは、Noが返ってきても歪曲《わいきょく》してYes《イエス》の徴《しるし》にしてしまう……。身に覚えのある方は少なくはないのではないでしょうか。誰もがNoの出現をそれほど恐《おそ》れ、嫌っているということです。

しかし、そのようなNoこそが「変わる」ための大きなきっかけになるのです。

なぜなら、世界からのNoによって、私たちはそれまでと同じ生き方をすることを阻《はば》まれます。今までと同じであることが許されない。止まらなければならなかったり、もっとよく考えなければならなかったりというように「変わる」ことを余儀《よぎ》なくされる――。新しい生き方、新しいライフスタイル、新しい道を選ぶことを世界の側《がわ》から促《うなが》されるのです。

秘訣《ひけつ》は「聞く、吸い込む、変わる」

世界からのNo《ノー》を本当に「変わる」チャンスとするかどうかは、受けとめる側《がわ》の受信のあり方にかかっています。「歪曲《わいきょく》」や「拒絶《きょぜつ》」「恐怖」「依存《いぞん》」などの四つの回路の受けとめ方では、決して「変わる」ためのチャンスにはできません。

世界からのNoを「変わる」チャンスにするためには、「聞く、吸い込む、変わる」という新しい生き方が必要なのです。

「聞く」とは、「事態」が呼びかける声に耳を澄《す》ますことであり、また具体的にも、他人《ひと》の意見や考えによく耳を傾《かたむ》けるということです。自分にとって都合《つごう》の悪いことも、ときには「それは誤解だ。間違っている」「そんなことを言われる筋合《すじあい》はない」「理不尽《りふじん》だ」としか思えないようなことでも、まずは反論《はんろん》せずに、しっかり受けとめること、それが「聞く」ということです。

そして、「吸い込む」とは、その事態のすべてを吸い込むようにして自分の中に入れること。外で起きた遠い出来事としてではなく、「それは私の責任だ」とわがこととして内に受容《じゅよう》することであり、感受《かんじゅ》することであり、決然《けつぜん》と引き受けることです。このときも、嫌《いや》なことや見たくないこと、理不尽としか思えないことなどもすべて、まるで空気を肺《はい》の中に吸い込むように、事態を自分の内側に入れるわけです。そして、自分の内側に解決への道を探《さが》しにゆくのです。

事態を吸い込むとき、私たちと世界、私たちと現実は強く結びつきます。そこに「精神と現象の融合《ゆうごう》」が起こるのです。事態を自分に引き寄せよう、引き受けようとする気概《きがい》が強ければ強いほど、融合は深いものとなり、そこには思いもかけない力がはたらき、内なる可能性が開き、現実にも道がついてゆく――。そうしたとき、その人自身も、いつの間にか事態が要請《ようせい》する自分に変わっているということです。

「聞く、吸い込む、変わる」が世界からのNoを「変わる」チャンスにするというのは、私自身の体験でもあり、また多くの方々の実践から確信しているところでもあります。どうにも道が見つからないような「困惑《こんわく》」の事態を不思議にも切り抜《ぬ》けることができ、そればかりか新しい光転《こうてん》の現実へと転換していった方々に共通している態度が、この「聞く、吸い込む、変わる」なのです。

問題を吸い込むだけで変わっていた

例えば、経営者の畑山栄一《はたけやまえいいち》さん（五十歳。仮名）の場合。畑山さんは、事業が暗礁《あんしょう》に乗り上げ、従業員が次々と辞《や》めてゆくという事態に直面したとき、専務らに自分の現状を洗いざらい言ってもらうことにしました。そして、何を言われても「聞く」と覚悟《かくご》を決め、一切反論《いっさいはんろん》せずに耳を傾《かたむ》けたのです。そこで明らかになった自分の姿は惨憺《さんたん》たるものでした。うまく行っているときは自分の手柄《てがら》で、問題が起こるとすべてを従業員のせいにして罵倒《ばとう》する――。そこには見たくない自分が浮かび上がってきました。これほどまでとは思ってもみませんでした。しかし、それこそ自分の日々の現実だと受けとめたのです。

まず、そうして「聞く」「吸い込む」を実践するだけで、社内の雰囲気《ふんいき》は変わってゆきました。さらにその後、畑山さんは、後悔とともに罵倒にストップをかけ、絆《きずな》を大切にしながら、微笑《ほほえ》みをもって温《あたた》かな言葉を従業員にかけるように努《つと》めてゆきました。すると、従業員が明るく意欲的になっていっただけではなく、暗礁に乗り上げていた事業も動き始めたと言います。

また、中学校の教員をされている佐藤睦子《さとうむつこ》さん（四十六歳。仮名）は、いじめ、不登《ふとう》校《こう》、校内暴力がエスカレートする中で、当初その原因を生徒や他の教師など、すべて外に見ていたと言います。しかし、その事態に対してどう自らが関わっていたのかを振り返る中で、「『こうさせていた』自分がいた――」「自分こそが子どもたちや同僚との絆を切っていた」と気づいたのです。そして、この事態を自らのこととして内側に「吸い込み」、引き受けることにしました。さらにその後も続けて、子どもたちや同僚との関わり方を具体的に変えていったのです。そのとき、事態が動き出しました。数カ月後には、学校の荒《こう》廃《はい》にストップがかかり、子どもたちを受けとめる学校に変わるという思いもかけない光転《こうてん》の現実がもたらされたのです。

「聞く、吸い込む、変わる」に取り組むことによって、外の現実と私たちの内界の間につながりが生まれます。事態が自らのこととして感じられ、外の問題は、紛《まぎ》れもなく私たちの内側に、精神世界へと入ってきます。「責任は私にある」「この事態に対して私は何ができるのか」と自分に問いかけ、吸い込み続ける態度を示すだけで、実際に事態が大きく転換してゆくことが少なくありません。

「聞く、吸い込む、変わる」とは、言葉を換《か》えるなら、自分という存在の枠《わく》をはみ出して他者を愛するという行為にほかなりません。他者を理解することであり、共苦共悲《きょうくきょうひ》に生きることであり、世界からの呼びかけに応《こた》えて自らが変わるということです。

本当に大切なものを守ろうとするとき、大切な人や場を愛するとき、人は自《おの》ずからこの「聞く、吸い込む、変わる」を実践しているのです。母親が子どもを愛するとき、父親が家族を守ろうとするとき、リーダーがメンバーを大切にしようとするとき、そこに必ず「聞く、吸い込む、変わる」姿が見受けられるはずです。ですから、本当に愛するなら、人は「変わる」ことができるということなのです。

22　「変わる」とは、ビッグクロスとの再結《さいけつ》

本当の個性が開花《かいか》するとき

「私が変わります」を生きれば生きるほど、私たちは外側にある何かになるのではなく、自分自身の中に眠っていた本当の自分に近づいてゆきます。つまり、「私が変わります」とは、自分を探《さが》す歩みであり、本当の個性を輝《かがや》かせる道のりなのです。

日々生じてくる困惑《こんわく》の事態。その事態を切り離《はな》すことなく自分に引き寄せ、変革の中心である自分の志《こころざし》を確かめ、そして自らの受信・発信を変革することを通じて、事態を困惑の次元から願いの次元へと運んでゆく。「私が変わります」の実践は、日々のこうした歩みとともに深まってゆきます。その中で、少しずつ開花する個性――真我《しんが》の力には、次の四つの輝きがあります。

快《かい》・暴流《ぼうりゅう》の「自信家」が抱《いだ》く本来の個性は、元気、創造《そうぞう》、開拓《かいたく》、飛躍《ひやく》、産出《さんしゅつ》、明るさ、エネルギー、ヴィジョン、超越《ちょうえつ》、自由、希望、意欲です。

苦《く》・暴流《ぼうりゅう》の「被害者」が抱く本来の個性は、重心《じゅうしん》、勇気、切実、簡素、強さ、喚起《かんき》、責任、正義、一途《いちず》、守護《しゅご》、自律《じりつ》、弁別《べんべつ》です。

苦《く》・衰退《すいたい》の「卑下者《ひげしゃ》」が抱く本来の個性は、赤心《せきしん》、陰徳《いんとく》、共感、托身《たくしん》、献身《けんしん》、慈悲《じひ》、無垢《むく》、愚直《ぐちょく》、誠実、回帰《かいき》、まじめさ、ひたむきです。

快《かい》・衰退《すいたい》の「幸福者《こうふくもの》」が抱く本来の個性は、包容《ほうよう》、安定、浄化《じょうか》、癒《いや》し、再結《さいけつ》、やさしさ、温《あたた》かさ、融和《ゆうわ》、受容《じゅよう》、柔和《にゅうわ》、肯定《こうてい》、信頼です。

これらは、私たちの四つの偽我《ぎが》(偽《いつわ》りの自分)が、「私が変わります」を生きることによって転換されたときに顕現《けんげん》する智慧《ちえ》と境地です。

本当の自分は「ビッグクロス」を甦《よみがえ》らせる

けれども、「変わる」ことを通じて甦るのは、個性ばかりではありません。その歩みと同時に、私たちの中に次第に甦ってくる感覚があります。それは、私たちの存在を根底から支《ささ》える世界との深いつながり——ビッグクロスという二重の絆《きずな》の感覚です。

第一の絆は、「大いなる存在との絆」です。私たちが生まれる遥《はる》か以前より存在して、死んで以降もずっとあり続け、この世界にある一切《いっさい》の生命を生かし包《つつ》み支える存在——。

そうした言葉に尽《つ》くすことのできない存在との絆のことです。そしてそれは、私たちが「神」と呼んできた存在との分かち難《がた》いつながりでもあるでしょう。

そして第二の絆とは、「永遠の絆」です。私たちは、それぞれ一回生起《いっかいせいき》の人生を生きていますが、同時にその人生を超える時を生きています。つまり、私たち一人ひとりが時を超える永遠との絆を保《たも》っているのです。

そして、これらの絆のことを実は誰《だれ》もがすでにどこかで感じています。

大自然の中で思いもかけない光景に出会ったとき、例えば、空を覆《おお》い尽くす厚い雲の間から突然輝《かがや》くばかりの光が差し込んだとき、あるいはゆったりと流れていた河が堰《せき》を切ったように滝となって流れ落ちるのを目にしたとき。また自然ばかりではありません。不可能としか思えないことに挑戦した人間の努力が報《むく》われるとき、あるいはまた人間の生み出した芸術や科学の中に神秘《しんぴ》を感じるとき――。私たちが、ふと心に留《と》めてきたこうした素《そ》朴《ぼく》な体験こそ、大いなる存在のかけらを感じていた証《あかし》です。

「永遠の絆」についても同様です。例えば、誰からも教えられないのに、なぜ人は「一体、私は誰だろう」「人間は死んだらどうなるのか」と自らに問いかけるのでしょうか。また、なぜ、今は亡き両親や知人のことを思い出して、どうしているのかと案じるのでしょうか。このようなとき、私たちはかすかに永遠の生命の記憶を取り戻《もど》しているのです。

このようにおぼろげながら感じていた二つの絆――。それが、私たちが本当の個性を現すに従って、より確かなものとなり鮮《あざ》やかなものとなってゆくのです。

揺《ゆ》れ動く社会を生きる「不動点《ふどうてん》」を取り戻《もど》す

私たちを取り囲む世界は厳《きび》しさを増《ま》しています。確かなものが瓦解《がかい》し、これまでの社会のシステムが至《いた》るところで軋《きし》みの音を上げ、信じるべきものが失われてゆく――。このような時代の中で、今ほどビッグクロスとの再結《さいけつ》が必要とされている時はないと思うのです。なぜなら、ビッグクロスは、決して壊《こわ》れることなく、失われることなく私たちの存在を支《ささ》えてくれる「不動点」だからです。この「不動点」を確かにするならば、いかに世界が理《り》不尽《ふじん》でも荒々しくても、私たちは徒《いたずら》に不信感を募《つの》らせることなく、大きな意味でそのような世界そのものを受け入れ、信頼して生きてゆくことができるのです。

私たちは、「変わる」ことによって自分と切り離《はな》された何か別のものになろうとしているのではありません。「変わる」・変革・革命＝revolution のもともとの意味は、回転するということ――。それは本当の自分に還《かえ》るということです。「私が変わります」を生きることによって、私たちは、自らの偽我《ぎが》の奥にある真我《しんが》の次元に還るとともに、自分自身を根底から支え生かす、ビッグクロスという二つの絆《きずな》・「不動点」に根ざすことができるのです。

23 「変わる」ための鍵《かぎ》——切実さ

「変わらない」慣性力《かんせいりょく》との闘《たたか》いが必要

「変わる」とは、いまだ見ぬ自分、新しい自分になってゆくワクワクするような楽しさと、新しい人生が開かれ、新しい自分と出会うことができる喜びに満たされる体験です。けれども、私たちの人生には、「私が変わります」という生き方とまったく対立する「私は変わりません」という生き方が存在してきました。

つまり、「私は変わりません。世界の側《がわ》だけ変わって下さい」という生き方の習慣《しゅうかん》が根深く染《し》み込んでいるということです。困惑《こんわく》の事態を前にしても、自分の責任として引き受けるという姿勢よりは、他人《ひと》のせいにしたり、仕方がなかったとあきらめて何年も生き続けてきたエネルギーの流れ、慣性力が働いているのです。その慣性力の中から「私が変わります」を宣言し、それを生きようとすることは、どれほど大きな意義があるでしょう。

けれども、そのためには、強烈に流れているその慣性力にストップをかけ、これまでの生き方と闘わなければなりません。

天動説《てんどうせつ》的世界観から地動説《ちどうせつ》的世界観へという人類史上の大きな転回に役割を果《は》たしたコペルニクスは、自説を確立しながら、何と十三年間もその説を発表することができませんでした。それは当時の人々にとって、絶対の権威《けんい》である教会の主張と対立することが明らかだったからです。慣性力として働いているその権威と自らの中で闘い続けなければなりませんでした（詳《くわ》しくは、小著『新しい力』第一章をご参照下さい）。

財政的な危機を抱《かか》えていた米沢藩《よねざわ》に、若くして養子《ようし》に入り藩主《はんしゅ》となった上杉鷹山《うえすぎようざん》は、莫《ばく》大《だい》な借財《しゃくざい》を返済《へんさい》し、財政を建て直すために、何と五十年以上もの月日を必要としました。その間、率先《そっせん》して倹約《けんやく》に努め、武士でありながら自ら鋤鍬《すきくわ》を持って畑を耕《たがや》すなど「私が変わります」を徹底しました。それは、武士に対する絶対的とも言える社会の通念《つうねん》と闘い続けた日々であったと言っても過言《かごん》ではありません（一三四頁参照）。

変わろうとする「切実さ」があるか

慣性力《かんせいりょく》を打ち破るとは、そうした闘《たたか》いを前提に、新しい自分となってゆくということです。そこに初めて私たちは、新たなエネルギーの湧出《ゆうしゅつ》と創造《そうぞう》を果《は》たしてゆくことができるのです。

では、その慣性力に打ち勝つための鍵《かぎ》とはどのようなものなのか。本当に「変わる」ための鍵とは、一体何なのでしょうか。

それは変わろうとする「切実さ」ではないかと私は思うのです。私たちが、新しい自分となり、新しく生まれ変わることをどれほど強く願っているのか。現実を前にして、「何としても変わりたい」と願う気持ち、「自分を変えてでもその現実を何とかしたい」と迫《せま》り来る想い。「今というこの一点から、一切《いっさい》を転回させるのだ」という、内から溢《あふ》れてやまない志《こころざし》、それだけの気概《きがい》と決意をもって「私が変わります」を生きようとする決意――それこそが、ここで言う「切実さ」にほかなりません。その切実さがあれば、私たちは、どんな慣性力にも打ち勝って、「変わる」ことができるのです。そしてその切実さとは、決して一方的にプラスの、前進だけの能力というわけではないと思います。

「後悔」を「切実さ」に結ぶことができる

「私が変わります」ということに、関心を持ち、そのことに向き合おうとする人ならば、これまでの生き方をすべてよしとすることはしないでしょう。

「あのときの自分の判断はどうだったのだろう。あれは間違いではなかったか」「あの行動が失敗だった。あれが人生を大きく曲《ま》げてしまった」……。

まして自分の受発色《じゅはつしき》を冷静に的確《てきかく》に振り返ることができるようになれば、誰《だれ》しもが「これほどまでに自分の受発色が現実をつくっていたのか」「一切《いっさい》の責任は、他人《ひと》ではなく私にあったのだ」と愕然《がくぜん》とし、砕《くだ》かれる思いになるのではないでしょうか。

普通ならばそれぞれの人生に影《かげ》を落とす、その「後悔」——。その悔いこそが、私は切実に「変わる」ことを求めてやまない原動力になると思うのです。

「後悔」が深ければ深いほど、逆に言えば、それほどそのことを何とかしたいと思っていたということにほかなりません。つまり、「願い」がそこにあるということです。「後悔」とは、単に過去の失敗にくよくよすることではなく、切実な願いをも思い出すことにつながる——。いいえ、「後悔」を自分の内側にある願いに確かに結ぶことができるとき、私たちは、本当に「変わる」ための「切実さ」を手にすることができるのです。

24 「私が変わります」宣言という始まり

「崩壊《ほうかい》の定《さだめ》」に抗《あらが》うことはできるのか

秩序《ちつじょ》あるものもやがては無秩序へと移りゆき、一切《いっさい》のものが朽《く》ち果《は》ててゆく巨大な流れの中に私たちの世界はあります。どんなに人が願っても、人は老いることをとどめることはできず、色褪《いろあ》せない栄光もなく、不変の信頼も盤石《ばんじゃく》の組織もつくることはできない——。

世界を支配する、この「崩壊の定」に対して、それに抗い、人間を守り幸せにするのは経済の力であると、多くの人が信じ、生きてきた結果生み出された世界が二十世紀という時代でした。

日本も、例外ではありません。経済至上主義《しじょうしゅぎ》の道は、私たちが選んだ復興《ふっこう》の道でした。しかし、物質的な繁栄《はんえい》は手にしても、経済、教育、医療問題……など社会に蔓延《まんえん》する限界感、閉塞感《へいそくかん》の実態は、先行きの見えない未来に対する著《いちじる》しい不安をもたらしています。このままの延長線上に未来はないことを多くの人々が感じながら、その打開の道を手にしているとは思えません。

その上に、私たちは今、アメリカ合衆国に起こった同時多発テロの悲惨《ひさん》や狂牛病《きょうぎゅうびょう》問題などの混乱に向かい合い、一層の無秩序への流れを感じているのです。日本が、世界が、そして私たちが進むべき道はどこにあるのか——。それはもうお分かりでしょう。

「人間の力」を解放せよ

人間の歴史において、様々な転換期に、その危機を救い、山積《さんせき》する難題《なんだい》を解決し、新しい時代を創造《そうぞう》していった、その原動力とは、常に「人間の力」でした。

様々な道具や技術の発明発見が人間の歴史の転換を導《みちび》いてきたことは事実です。それ自体は確かなのですが、その道具を考え、発明したのはやはり人間であり、それを生活の中に取り入れたのも人間です。つまり、革新《かくしん》の源泉《げんせん》には、いつも「人間の力」があったことを歴史は証明しています。すなわち、「人間の力」こそが、新しい道具、技術や社会システムを生み出すのみならず、それを新しい時代の転換のために、生かし使い得たということです。人間は、荒れ果《は》てた場所に新しく田畑をつくり、崩《くず》れてしまった建物をもう一度、建て直すことができる。バラバラになった人間の絆《きずな》を一つ一つ結び直すことができる……。

「崩壊《ほうかい》の定《さだめ》」が吹きすさぶ世界の流れは、宇宙開闢《かいびゃく》以来、変わることがありません。一切《いっさい》が光であった始まりから、どんどん光が物質になりつつあるのが、時の流れです。その世界にあって、それに抗《あらが》うのが人間の本質であるということなのです。「物質が光になろうとする努力、それが魂である」と言った十八世紀の詩人がいますが、その言葉は、人間の本質を見事に言い当てています。

人間だけが「崩壊の定」に抗い、それを逆転することができる力を抱《いだ》いているということです。そしてその力が今ほど、必要とされている時代はないと思います。

もちろん、その力を十全《じゅうぜん》に発揮《はっき》する生き方が「私が変わります」宣言であることは言うまでもありません。

私たち一人ひとりの人生が新たな光を求めています。自らの人生が、私たちの家族が、職場が、そして社会が、時代が、「私が変わります」という宣言による、新たな現実への出発を願っているのです。

一人ひとりが新しい世界の始まりを創《つく》る

アメリカに、そして全世界の人々に大きな衝撃《しょうげき》を与えた同時多発テロの問題――。テロの行為そのものは、たとえどのような理由から生じたとしても、決して正当化されるものではありません。それはいかなる手段を講《こう》じても、抑止《よくし》されなければならないものです。

しかし、そこにおいても、私たちは、本来の「人間の力」によって「崩壊《ほうかい》の定《さだめ》」を逆転させ、新たな秩序《ちつじょ》を生み出してゆく力を信じた上で、ただ単に相手を変えようとする態度では、決して来たるべき未来は開くことができないということを知るべきです。相手を変えよう、世界を変えようとするだけでは、この大きな問題の根本的な解決を図《はか》ることはできないでしょう。

つまり、すべての人類に今、「私が変わります」が本当に必要とされているということではないでしょうか。そしてその始まりは常《つね》に、私たち一人ひとりにあるのです。一人ひとりがまず「私が変わります」を自分の足元《あしもと》から実践することが、社会が変わり、時代が変わることをもたらすことを私は信じてやみません。一人ひとりの新しい現実の始まりが、新しい世界の始まりを確かに創ってゆくのです。

付録　自己診断チャート――あなたの「偽我《ぎが》の人格」を知るために

私たちは、どの偽我《ぎが》の人格を持っているのでしょうか。本文を読まれた読者は、日頃の自らの受発色《じゅはっしき》を顧《かえり》みながら、おおよその見当がついたという方も少なくないでしょう。一方で、どのゾーンもすべて当てはまってしまうという人、あるいは、なかなか自分に当てはまる偽我の回路が見つからないという人もいるかもしれません。いずれにしても、自分の内に、「四つの偽我」のいずれの傾向が存在しているのか、その自ら自身の受発色の傾向を的確に摑《つか》むことは、大変重要です。そのための手がかりとして、次の自己診断チャートに取り組んでみて下さい。

まず、左記の項目の中から、自分によく当てはまると思う項目は、□の中にチェック（✓）を入れて下さい。次に、印がつけられたボックスの数を縦に集計し、一番下の欄《らん》に、その合計を記入します。

自己診断チャート

		A	B	C	D
1	人から耳に痛いことを言われ、それが理不尽《りふじん》であると感じると、怒ったり、開き直ったりする癖《くせ》がある。		□		
2	自分の人生は「それなりのものである」と胸を張れる。	□			
3	何かあると、すぐに落ち込んでしまう。			□	
4	問題がないことが重要であり、無風であることが平和であると思う。				□
5	自分の人生を振り返ると、様々な後悔の想いが湧《わ》いてくる。			□	
6	自分がやりたいようにやりたい。	□			
7	父や母に対して許せない想いがある。		□		
8	自分の人生を振り返って、「とりあえず平和な人生だった」と思う。				□
9	自分は「やり手」であると思う。	□			
10	人から「ボーッとしている」と言われることがある。				□
11	すぐに理不尽な気持ち（被害者意識）に襲《おそ》われる。		□		
12	「人から何か言われるのではないか」といつもびくびくしている。			□	
13	「自分は温厚《おんこう》な性格である」と思っている。				□
14	失敗することが怖《こわ》いので、逃げてしまうことが多い。			□	
15	自分の立場が上がったり、世間に認められたりすることに、強い手応《てごた》えと充実を感じてきた。	□			
16	「どうせ人間には表と裏がある」という気持ちが強い。		□		
17	人から「怖い」とよく言われる。		□		
18	「自分にさせてくれればもっとできるのに」とよく思う。	□			
19	「一生懸命《いっしょうけんめい》ならば、できなくても仕方《しかた》がない」と思う。			□	
20	人から嫌《きら》われることが嫌《いや》なので、率直《そっちょく》に意見することができない。				□
21	人に負けるのは絶対に嫌である。	□			
22	人生を振り返ってどうしても許せない人がいる。		□		
23	いつも自分を守ってくれる人がいた。				□
24	「自分はどうしようもない」と自己否定してしまう。			□	
25	「どうせできない。自分なんか」と、最初からあきらめてしまうことが多い。			□	
26	何かを実現することよりも、皆が「和気《わき》あいあいとして楽しいこと」が重要である。				□
27	歴史上の人物（英雄、天才、奇才……）にあこがれる。	□			
28	「怒り」がたやすく態度に現れてしまう。		□		
29	いつも自分中心でないと気持ちが悪い。	□			
30	「屈しないことが強いことである」と思う。		□		
31	「自分はそれほど物事に強くとらわれない」と思っている。				□
32	「迷惑をかけるくらいなら、何もしない方がましである」と思う。			□	
	計				

最後に、その結果を次の頁の集計シートに書き入れます。7点〜8点には◎、5点〜6点には○、3点〜4点には△、2点以下は空白として下さい。

点数が高くなるにつれてその傾向が顕著《けんちょ》であると考えられます。○は強い傾向、◎はより強い傾向と受けとめる必要があります。あなたには、「四つの偽我」のいずれが強く現れているでしょうか。

http://jsindan.net/

なお、携帯電話を使用して取り組むこともできます。上記のURLに直接アクセスしていただくか、QRコードを読み取ってアクセスして下さい。

自己診断チャート集計シート

A	快・暴流	
B	苦・暴流	
C	苦・衰退	
D	快・衰退	

7～8点…◎
5～6点…○
3～4点…△
0～2点…空白

止観シート

出来事

感　じ

↓

受けとめ

↓

考　え

↓

行為する

出来事で出てきた
つぶやき

どこで立ち止まって
心を見つめますか

本書は、二〇〇二年、三宝出版より刊行された。

著者プロフィール

高橋佳子（たかはし　けいこ）

一九五六年、東京生まれ。

幼少の頃より、人間は肉体だけではなく魂を抱く存在であることを体験し、「人は何のために生まれてきたのか」「本当の生き方とはどのようなものか」という疑問探求へと誘われる。真理〈神理〉探求と多くの人々との深い人間的な出会いを通じて、新たな人間観、世界観を「魂の学」（TL人間学）として集成。

現在、積極的に執筆・講演活動を展開し、「魂の学」に基づいて経営・医療・教育・芸術など様々な分野の専門家の指導に当たるほか、GLAでは、あらゆる世代の人々に向けて数々の講義やセミナーを実施しながら、魂の次元に触れる対話を続けている。『*Calling*　試練は呼びかける』『12の菩提心』『運命の方程式を解く本』『新・祈りのみち』『あなたが生まれてきた理由』（いずれも三宝出版）など著書多数。

「私が変わります」宣言
「変わる」ための24のアプローチ

二〇一〇年四月十九日　初版第一刷発行

著　者　高橋佳子
発行者　高橋一栄
発行所　三宝出版株式会社
〒一一一－〇〇三四　東京都台東区雷門二－三－一〇
電話　〇三－五八二八－〇六〇〇　http://www.sampoh.co.jp/
印刷所　株式会社アクティブ
装　幀　N.G.INC.

ISBN978-4-87928-060-2

写真提供　毎日新聞社、PPS通信社、共同通信社、アトラス・フォト・バンク、日本赤十字社